주니어 6
대학

글쓴이 │ **김욱**

연세대학교 중어중문학과를 졸업한 뒤, 동 대학원 법학과에서 법학박사 학위를 받았다.
서남대학교에서 헌법, 법철학, 독서와 토론, 글쓰기와 자기표현 등을 강의했고,
사법시험 출제위원을 역임했다.
저서로는『법을 보는 법』(한국간행물윤리위원회 2009년 6월의 읽을 만한 책 선정),
『교양으로 읽는 법 이야기』(2007 문화관광부 교양도서 선정),
『그 순간 대한민국이 바뀌었다』(2006 문화관광부 교양도서 선정)·등이 있다.

그린이 │ **이우일**

대학에서 시각디자인을 전공한 후 만화가와 일러스트레이터로 활동하고 있다.
저서로는『고양이 카프카의 고백』,『옥수수빵파랑』,『좋은 여행』 등이 있고,
그린 것 중 많이 알려진 것으로는「노빈손」,「도날드 닭」 시리즈 등이 있다.

 악플을 달면 판사님을 만날 수 있다고? │ **법학**

1판 1쇄 펴냄 · 2014년 1월 10일   1판 8쇄 펴냄 · 2020년 7월 5일

지은이	김욱
그린이	이우일
펴낸이	박상희
편집주간	박지은
기획 · 편집	이해선
디자인	오진경
펴낸곳	(주)비룡소
출판등록	1994.3.17.(제16-849호)
주소	06027 서울시 강남구 도산대로1길 62 강남출판문화센터 4층
전화	영업 02)515-2000 팩스 02)515-2007 편집 02)3443-4318,9
홈페이지	www.bir.co.kr
제품명	어린이용 반양장 도서
제조자명	(주)비룡소
제조국명	대한민국
사용연령	3세 이상

ⓒ 김욱 2013. Printed in Seoul, Korea.

ISBN 978-89-491-5356-8 44360 · 978-89-491-5350-6 (세트)

이 도서의 국립중앙도서관 출판시도서목록(CIP)은 서지정보유통지원시스템 홈페이지(http://seoji.nl.go.kr)와
국가자료공동목록시스템(http://www.nl.go.kr/kolisnet)에서 이용하실 수 있습니다.(CIP제어번호: CIP2013028219)

악플을 달면 판사님을 만날 수 있다고?

법학

김욱 글 이우일 그림

비룡소

인간의 법
하늘의 법

어린 시절, 우리는 모두 '착한 어린이'가 되라는 부모님이나 선생님 말씀을 듣고 살았습니다. 그리고 훗날, 그 어린이가 부모님이나 선생님이 됐을 때 자신들이 들었던 그 말을 자라나는 어린이들에게 다시 똑같이 들려줍니다. 그런데 '착한 어린이'는 어떤 어린이를 말하는 것일까요? 부모님이나 선생님, 그리고 다른 모든 어른들의 말씀을 무조건 잘 듣는 어린이를 말하는 것일까요?

표준 국어 대사전은 '착하다'라는 말을 "언행이나 마음씨가 곱고 바르며 상냥하다."는 뜻으로 풀이합니다. 그렇다면 이런 궁금증이 생깁니다. 어떤 이상한 어른이 두 친한 어린이에게 아무 이유도 없이 서로 한번 싸워 보라고 시켰습니다. 착한 어린이가 되기 위해서 그 어른의 나쁜 말을 '상냥하게' 잘 들어야 할까요, 아니면 '바르게' 거절해야 할까요? 또, 한 친구가 못된 다른 친구에게 맞고 있는데 '상냥하게' 도와주지 않고 구경만 해야 할까요, 아니면 상냥하지 않더라도 '바르게' 도와줘야 할까요? 만약 우리가 '착함'이라는 말뜻에서 '바름 없는 상냥함'만을 강조한다면 틀림없이 잘못된 결과를 낳을 수밖에 없을 겁니다.

우리가 유행처럼 사용하는 '착한 가격'이라는 말에서 '바른 가격'의 의미를 더 강하게 느끼나요, 아니면 '상냥한 가격'의 의미를 더 강하게 느끼나요? 영미인들은 이럴 때 보통 '합리적인 가격(a reasonable price)'이라는 말을 사용합니다. 만약 어떤 상인이 '착한 가격'을 '바름 없는 상냥한 가격'으로만 이해해 물건을 비이성적으로 손해만 보고 팔다가는 곧 망하고 말 것입니다.

저는 어른들이 어린이들에게 착한 어린이가 되라고 가르칠 때는 분명히 '상냥할 뿐만 아니라 올바른 사람'이 되기를 기대하는 마음이 있다고 믿습니다. 그런데 우리는 어떻게 그런 사람이 될 수 있을까요? 상냥한 건 알겠는데 '올바름'이란 무엇일까요? 상냥하게만 사는 것이 결코 모든 것이 아닐 텐데, 만약 세상이 올바르지 못한 요구를 하면 우리는 어떻게 해야 할까요? 법은 바로 그 질문에 대한 당대의 약속된 대답입니다. 그리고 법학은 그 법을 연구하는 학문입니다.

　법은 우리들이 세상을 살아가는 데 필요한 질서를 국가적 차원에서 정해 놓은 규범의 총체입니다. 그리고 법학은 그 실정법을 해석하고, 적용하는 것을 연구하는 학문이지만, 있어야 할 올바른 법에 대해서도 관심을 놓지 않는 학문입니다. 여러분이 만약 이 법학에 관심과 열정이 있다면 판사, 검사, 변호사가 돼 세상의 정의를 실현하는 일을 할 수도 있고, 대학교수가 돼 법을 전문적으로 연구할 수도 있을 것입니다.

　필자는 이 책의 내용을 청소년 여러분이 쉽게 이해할 수 있도록 노력했습니다. 여기엔 그간 필자가 쓴 글 중에서 청소년 여러분에게 적합한 내용을 발췌해 쉽게 정리한 부분도 있습니다. 부디 이 책이 독자 여러분의 법에 관한 궁금증을 풀어 주고, 나아가 장래 희망을 이루도록 하는 좋은 안내서가 되기를 바랍니다.

1부

법은 하늘에서 떨어졌나, 땅에서 솟았나?

헉~
法

하늘의 법과

인간의 법

고대 그리스의 비극 작가 소포클레스가 쓴 『안티고네』 이야기입니다. 안티고네는 테베의 왕이었던 오이디푸스의 딸입니다. 오이디푸스는 자신의 비극적 운명을 이기지 못하고 스스로 두 눈을 찔러 앞 못 보는 신세가 된 채, 안티고네의 보살핌을 받으며 나라 밖에서 떠돌다 죽습니다.

이후 오이디푸스의 두 아들, 폴리네이케스와 에테오클레스는 왕위 계승을 놓고 싸우게 됩니다. 에테오클레스는 외삼촌 크레온과 한편이 돼 폴리네이케스를 추방합니다. 그런데 추방당한 폴리네이케스가 나라 밖에서 동맹군을 구축해 테베를 공격합니다. 결국 두 형제는 서로 싸우다 죽게 됩니다.

테베의 왕이 된 크레온은 에테오클레스의 장례를 성대하게 치르도록 명령합니다. 하지만 폴리네이케스의 장례는 치르지 못하게 금지합니다. 안티고네는 이 상황을 견딜 수가 없습니다. 그래서 왕의 명령을 어기고 몰래 폴리네이케스의 장례를 치러 줍니다.

결국 그녀는 붙잡혀 크레온 앞에 끌려옵니다. 크레온은 그녀에게 감히 왕의 법을 어겼다고 추궁합니다. 그러자 그녀는 '왕의 법'은 '신의 법'을 넘어설 수 없다고 항변합니다. 그렇게 해서 그녀는 크레온에게 죽임을 당합니다. 하지만 안티고네의 말과 행동은 후세까지 많은 사람들에게 깊은 영감을 주게 됩니다.

사실 인간은 누구나 자신의 관점에서 세상을 바라봅니다. 그래서 선악을 구분하는 것도 의견 일치를 보기가 아주 어렵습니다. 위 이야기에서도 오이디푸스는 자신을 돌보지 않았던 두 아들을 자신의 입장에서 원망하고 저주합니다. 그런데 두 아들은 아버지의 기구한 운명보다 왕위에만 관심이 있습니다. 한편 왕이 된 크레온은 나라를 침범한 폴리네이케스를 죄인으로 선포함으로써 자신의 입장에서 권위를 세우려 합니다. 반면 안티고네는 이 모든 상황을 안타까워하며 가족의 입장에서 크레온의 명령을 어깁니다. 어찌 보면 모두가 자신의 행동을 변호할 수 있는 이유를 가지고 있지만, 각자의 그 이유로 모두가 동의할 수 있는 정의를 세우지는 못합니다.

 주니어 대학

자, 왕이시여~
도표로 보니 이해가
되시죠?
안티고네
인간의 법
하늘의 법

크레온
王
기분
나빠!

여기서 우리가 기억해야 될 한 가지 흥미로운 사실이 있습니다. 그것은 왕의 권력으로 뒷받침되는 법이라고 해서 그것만이 언제나 영원한 진리는 아니라는 사실이죠. 예나 지금이나, 현실에서는 왕의 법이나 실정법만이 효력이 있습니다. 그러므로 우리가 그 법을 위반하면 우리의 행동은 인정되지 않고, 처벌을 받거나 손해를 배상하게 됩니다. 하지만 실정법만이 효력이 있다는 것과 그것만이 정의라는 것은 당연히 구별되어야 하겠죠.

안티고네는 왕의 법도 잘못일 수 있다고 생각했습니다. 그녀는 왕의 법이 더 높은 곳에 있는 신의 법에 어긋난다고 항변했습니다. 말하자면 자신의 생각과 행동이 왕의 법은 어겼지만, 오히려 신의 법에는 합당한 것이었다고 주장한 것이죠. 우리는 그녀의 주장을 충분히 이해할 수 있습니다. 하지만 그 신의 법을 어떻게 알 수 있을까요?

지금도 마찬가지입니다. 우리가 지켜야 하는 법은 어디에서 왔을까요? 물론 그 법은 우리가 국회의원이라는 대표를 뽑아 만든 것입니다. 문제는 그 법이 언제나 좋은 법인지 자신 있게 말하기가 힘들다는 것이죠. 만약 그 법이 나쁜 법이라면 그것을 잘 지킨다는 것이 오히려 이상한 일입니다. 그래서 예로부터 사람들은 사람

소피스트는 법을 피시스(자연의 질서)와 노모스(인간의 법)로 구분했는데, 스토아학파는 영구법(존재질서), 자연법(올바른 이성), 인정법(실정법)으로 세분했다. 근대 이후에는 일반적으로 자연법과 실정법으로 구분한다.

주니어 대학

이 만든 법이 좋은 법인지 나쁜 법인지를 구분해 주는 하늘의 법이 따로 있다는 생각을 하게 된 것입니다.

그런 사연을 안고 법의 역사는 긴 여정을 시작했습니다. 서양의 경우 안티고네의 신은 제우스였고, 중세의 신은 예수였습니다. 그리고 근대 이후에는 신이 부여한 인간의 이성으로 하늘의 정의를 알 수 있다는 생각이 나타납니다. 그리고 다른 한편에서는 크레온의 법처럼 시대에 따라 세속의 법들이 끊임없이 만들어지고 사라집니다. 그래서 법학은 한편으로 크레온의 세속의 법을 연구하면서, 다른 한편으로 안티고네의 하늘의 정의도 연구해야만 하는 숙명 속에 있는 것입니다.

트라시마코스의
돌직구에
질겁한

소크라테스

소크라테스가 한 지인의 집에서 몇 사람이 듣고 있는 가운데 그 지인과 담소를 나누고 있었습니다. 그들 담소의 주제는 정의였습니다. 그런데 트라시마코스가 마치 야수처럼 대화에 끼어듭니다. 그는 소크라테스에게 정의에 대해 질문만 하지 말고 정의가 무엇인지 대답을 해 보라고 요구합니다. 그러자 소크라테스는 질겁합니다. 그것은 소크라테스의 방식이 아니었던 것이죠.

트라시마코스는 소크라테스가 대답하지 않자 어쩔 수 없이 스스로 대답합니다. 트라시마코스는 '정의란 강자의 이익이다.'라고 주장합니다. 그러자 소크라테스는 소고기는 천하장사에게 이익이 되는데, 그렇다면 소고기가 정의냐고 반격합니다. 사실 이는 좀 억

주니어 대학

지스러운 반격이었죠. 트라시마코스는 정의가 강자의 이익이라고 했지 강자에게 이익이 되는 것이 모두 정의라고 한 건 아니었으니까요.

트라시마코스는 자신의 뜻을 이렇게 설명합니다. 각 정권의 통치자들은 자신들에게 이익이 되는 것을 법으로 제정하고 이를 정의라 한다는 것입니다. 그리고 이를 위반하면 올바르지 못한 짓을 저질렀다고 처벌한다는 것이죠. 사실 그의 말대로 예로부터 사람들은 '법은 곧 정의'라고 생각했습니다. 그런데 혹 트라시마코스의 말대로 국가는 단지 강제력만을 앞세워 법은 곧 정의라며 우리에게 준법을 강요하고 있는 건 아닐까요?

지금 트라시마코스는 법이라고 해서 무조건 모두에게 정의는 아니라고 주장하며, 법이 누구의 이익을 위해 만들어졌는지를 따져 묻는 중입니다. 말하자면 부자를 위해 만든 법은 부자를 위한 정의인데도, 부자들은 그것이 마치 모두를 위한 정의처럼 선전한다는 주장이죠. 그러므로 정의는 언제나 법을 만든 강자의 이익이 아니냐는 것입니다.

소크라테스는 동의하지 않습니다. 그는 통치자는 자신의 이익을 생각하지 않고, 피통치자에게 이익이 되는 것을 지시한다고 말합니다. 즉 정의는 강자에게 이익이 되는 것이 아니라 오히려 약자에게 이익이 되는 것이라고 말한 셈이죠. 그러자 이번에는 트라시마코스가 반박합니다. 양이나 소를 기르는 사람들이 양이나 소의 이익을 위해 돌보느냐는 것이죠.

이 논쟁은 후세까지 많은 숙제를 남겼습니다. 도대체 두 사람이 제대로 된 의사소통을 하지 못한 가장 큰 이유는 무엇이었을까요? 그것은 아마도 현재 우리 앞에 있는 불완전한 정의와 앞으로 실천해야 할 완전한 정의를 구분하지 않고 논쟁했기 때문이 아닌가 합니다.

트라시마코스는 현실의 왜곡된 정의를 보면서 정의를 비판한 것입니다. 즉 말로는 모두의 정의라 하면서 실제로는 약자를 괴롭히고 강자의 편을 드는 현실의 왜곡된 정의를 비판했죠. 그런 의미에서 정의가 강자의 이익이 아니냐고 역설했던 것입니다.

반면 소크라테스는 정의라는 말 본연의 의미를 강조하며, 우리가 그렇게 실천해야 할 완전한 정의를 말한 것입니다. 즉 정의는 우리 눈앞에서 벌어지는 부당한 현실과 상관없이 훌륭함을 이르는 말이니, 실천해야 하는 올바른 일, 그것이 바로 정의라는 것이었죠.

우리는 지금도 소크라테스와 트라시마코스의 논쟁에서 벗어나기 힘듭니다. 강자가 지배하는 눈앞의 현실만을 보고 말한다면 트라시마코스의 말이 틀린 것도 아닌 듯합니다. 하지만 모두가 꿈꾸는 현실 너머의 이상을 염두에 두고 말한다면 소크라테스의 말이 맞는 것 같습니다. 그러니 정의가 무엇인지에 대한 합의에 이르려

가축을 키우는 사람들이 동물을 위해 그것들을 키웁니까?
'정의'란 현실과는 상관없이 훌륭함을 이르는 말이라네!
나를 위해 나 좀 키워 주라!

면 ‘이상을 추구하는 현실’ 속에서 그 답을 구해야만 할 것 같습
니다.

　아무쪼록 우리는 현실의 불완전한 법이 이상적으로 완전한 정
의에 도달할 수 있도록 끊임없이 노력할 수밖에 없습니다. 그렇지
않으면 언제라도 트라시마코스와 같은 사람이 야수처럼 다시 튀
어나와 우리에게 정의가 무엇인지를 다시 집요하게 물을지 모르
니까요.

햄릿은
무슨 고뇌를
그렇게

오래 했을까?

셰익스피어의 유명한 희곡 『햄릿』 이야기입니다. 중세 덴마크의 왕자 햄릿은 부왕의 갑작스러운 죽음을 맞습니다. 숙부인 클로디어스는 왕위를 차지하고, 어머니인 거트루드와 결혼까지 합니다. 세상이 뭔가 잘못 돌아가고 있다고 느끼는 햄릿 앞에 부왕의 유령이 나타납니다. 부왕의 유령은 햄릿에게 자신은 숙부에게 독살당했다고 말하며, 복수를 명합니다. 햄릿은 고뇌합니다. 이 고뇌 속에서 나온 유명한 대사가 바로 "죽느냐 사느냐, 그것이 문제로다."입니다.

그런데 이 대사가 왜 그렇게 유명하게 됐을까요? 우리말로 번역된 이 대사 자체만으로는 복합적인 의미를 충분히 이해할 수 없습니다. 원래의 영문 대사는 "To be, or not to be: that is the question."입니다. 이는 얼핏 인간의 죽고 사는 문제만을 고민하는 것으로 읽을 수 있습니다. 하지만 "존재하는 것이냐, 존재하지 않는 것이냐, 그것이 문제로다."라는 추상적인 의미로도 읽을 수 있습니다. 과연 그 함축적인 뜻은 무엇일까요?

'존재하는 것'은 햄릿 눈앞에서 벌어지고 있는 부당한 현실입니다. 그리고 '존재하지 않는 것'은 진실을 말하며 복수를 해야 한다고 명하는 부왕의 유령입니다. 혹 유령의 존재를 믿는 사람도 있겠지만, 유령은 단지 햄릿이 헛것을 본 것이거나 자신의 마음을 표현한 것일 수도 있죠. 따라서 문제는 그 존재하지 않는 유령의 진실을 믿을 수 있느냐는 겁니다.

햄릿은 그 유령만을 믿고 복수를 실천해야 할까요? 그는 확신할 수 없습니다. 더군다나 현실을 부정하고 정의를 실현하려는 복수에는 많은 위험이 따릅니다. 차라리 부당한 현실을 인정하는 것이 비굴하지만 안락한 삶을 보장해 줄지도 모릅니다. 그래서 햄릿은 처음부터 "아, 저주받은 운명이여. 나는 그것을 바로잡아야 하는 운명으로 태어났구나."라며 자신의 기구한 운명을 탄식했던 것입니다.

그렇게 그의 지루한 고뇌는 계속됩니다. 그 때문에 성질 급한 관객들은 무대 위로 뛰어 올라가 햄릿 대신 복수해 버리고 싶은 생

   주니어 대학

To be, or not to be...

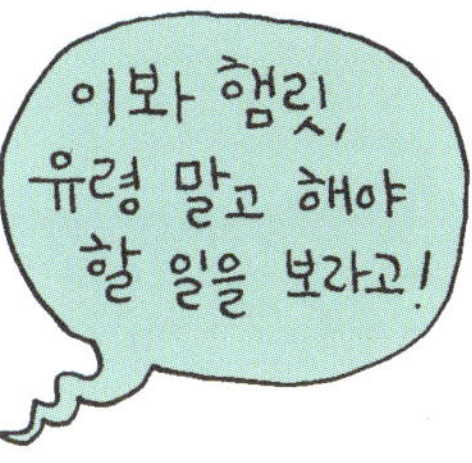

이봐 햄릿, 유령 말고 해야 할 일을 보라고!

각이 들 정도입니다. 자, 그렇다고 실제로 그럴 수는 없으니까 햄릿 홀로 그 지루한 고뇌를 계속하도록 내버려 두고, 우리는 우리의 문제를 나름대로 정리해 보도록 하죠.

이 세상은 실제로 있는 것(존재)과 마땅히 해야 할 일(당위)로 나눌 수 있습니다. 비가 내린다, 지구가 돈다, 선생님이 무섭다 등등의 말은 모두 있는 것을 있는 그대로 설명하는 것입니다. 자연 과학자들은 오직 있는 자연 현상을 있는 그대로 설명하기 위해 열심히 연구하는 사람들입니다. 사회 과학자들의 경우에도 우선 있는 것을 있는 그대로 인식하는 것이 연구의 기초고, 옳다 그르다의 판단은 다음 문제죠.

한편 공부를 열심히 해야 한다, 부모님께 효도해야 한다, 남의 물건을 훔쳐서는 안 된다 등등의 말은 있는 것을 있는 그대로 설명하는 말이 아닙니다. 그것은 그렇게 하는 것이 바르다는 전제하에 이 세상을 마땅히 그렇게 만들어 가려는 의지를 나타내는 말이죠. 우리는 그것을 당위, 혹은 규범이라고 부릅니다. 그 규범을 자발적으로 실천하면 도덕적 실천이 되고, 강제로 실천하면 법적 실천이 됩니다.

앞의 햄릿의 상황을 다시 떠올리면, 햄릿 눈앞의 현실은 모두 '있는 것'(존재) 그 자체이고, 부왕의 유령은 마땅히 '해야 할 일'(당위)을 햄릿에게 명령한 것입니다. 여기서 햄릿은 존재하지 않는 유령의 당위가 정말 옳은 것인지를 고뇌하는 것입니다. 어쩌면 햄릿은 그 '지루한 고뇌'를 통해서 우리에게 '섣부른 정의'에 대한 경고를 하는 것인지도 모르겠습니다.

모든 법은 마땅히 그렇게 해야 한다는 믿음을 바탕으로 세상을 그렇게 만들려고 태어났습니다. 만약 그런 법을 모두 폐지해 세상을 있는 그대로 내버려 두면 어떻게 될까요? 약육강식의 정글이 될지도 모릅니다. 그래서 마땅히 해야 할 일을 법으로 정해, 있는 그대로의 세상을 마땅히 그렇게 되어야 할 바른 세상으로 만들어 보려고 노력하는 것이죠. 물론 완벽하게 실천할 수는 없을 것입니다. 하지만 우리는 노력합니다.

아, 햄릿 이야기의 결말을 빠트릴 뻔했군요. 햄릿은 결국 마땅히 해야 할 복수를 합니다. 그리고 죽습니다. 그 덕분에 세상은 있는 그대로의 정글 같은 세상이 아니라 마땅히 바로잡힌 정의로운 세상이 됐습니다.

악

세상엔 악법도 있을까?

소크라테스는
왜 탈옥하지

않았을까?

여러분은 고대 그리스의 소크라테스 재판을 잘 알고 있죠? 그런데 그가 무슨 죄목으로 재판을 받았는지 알고 있나요? 소크라테스는 두 가지 죄목으로 재판을 받았습니다. 하나는 젊은이들을 타락시킨다는 것이었고, 다른 하나는 나라가 믿는 신들을 믿지 않는다는 것이었습니다.

그런데 아무래도 이상합니다. 과연 그것이 소크라테스를 죽여야 할 만큼 큰 죄였을까요? 아니, 그보다 소크라테스는 정말 그런 신념을 갖고, 그런 행동을 했을까요? 소크라테스가 재판을 받을 때, 나이가 70세였습니다. 70세의 소크라테스가 그렇게 위험한 인물이었다면 왜 아테네는 그 나이 되도록 그를 살려 두었을까요?

그때까지 그는 한결같은 태도로 살아왔던 사람입니다. 결론부터 말하자면 소크라테스 재판은 정치적 재판이었습니다.

소크라테스는 민주주의를 별로 좋아하지 않았습니다. 오늘날 관점에서 보면 좀 이상하게 생각되겠지만 그는 나름대로 신념이 있었습니다. 그는 사람을 열등한 자와 우월한 자로 구별할 수 있다는 논리하에 '열등한 자'가 '우월한 자'의 '올바른 지배'를 받는 것이 '모두에게' 좋은 '이상' 상태라는 논리를 폈습니다. 하지만 아테네가 단순히 소크라테스의 이런 생각 때문에 그를 재판에 넘긴 것은 아니었습니다.

아테네에서는 기원전 411년과 기원전 404년에, 적국 스파르타와 공모한 불만 세력들이 민주정을 전복시켜 독재 정권을 수립했습니다. 기원전 411년에 400인 과두정이 4개월, 404년에 30인 참주정이 8개월간 지속됐습니다. 이후 민주정이 복구됐지만 화해를 거부한 귀족주의자들이 있었습니다. 그들은 기원전 401년에 가서야 투항하고 화해했습니다. 소크라테스의 재판은 이 사건이 있은 2년 후인 기원전 399년에 열렸습니다. 아마도 아테네는 소크라테스의 반민주적 생각을 더 이상 내버려 두는 것은 위험하다고 느꼈던 듯합니다.

소크라테스의 재판은 판사가 따로 없는 500명의 배심 재판으로 시작됐습니다. 배심원들은 두 차례에 걸쳐 투표를 해야 했습니다. 첫 번째 투표를 통해 유무죄를 결정한 뒤, 유죄일 경우 두 번째 투표를 통해 형량을 결정하도록 돼 있었습니다.

그런데 소크라테스는 첫 투표에서 280 대 220으로 유죄 평결을 받았습니다. 이어 배심원들은 형량을 결정하는 두 번째 투표를 했습니다. 소크라테스를 기소했던 멜레토스는 사형을 구형했습니다. 그리고 소크라테스는 자신에 대한 형벌 대신 영빈관에서의 식사를 제의했습니다. 자신의 무죄를 확신했기 때문에 일종의 법정 모독을 한 것이었습니다.

소크라테스는 플라톤 등 지인 4명이 놀라 만류하자 그들을 보증인으로 하여 30므나라는 상당히 큰 액수의 돈을 벌금으로 내겠다고 수정 제의를 합니다. 당시 재판 제도에 따라 배심원들은 소크라테스의 30므나 벌금과 멜레토스의 사형 중에서 한 가지를 선택해야만 했습니다. 결과는 첫 투표보다 더 일방적인 360 대 140으로 나온 사형 평결이었습니다. 그런데 그다음에 벌어진 사건이 매우 특별합니다. 소크라테스의 부유한 죽마고우인 크리톤이 돈을 써서 탈옥 준비를 해 놓고, 처형 전날 소크라테스를 찾아옵니다. 하지만 소크라테스는 탈옥을 거절합니다. 나라에서 일단 내려진 판결들이 개인들에 의해 손상된다면 나라가 존속할 수 없다는 이유였죠. 악법도 법이므로 지켜야 한다는 것이 아니라, 법에 따른 판결은 부당할지라도 지켜야 한다는 것이었습니다.

왜 탈옥하지
않느냐고?
그걸 맞히는
사람에게 이 독배를
선물하지!
ㅋㅋㅋ
소크라테스!
농담이 나오십니까?
으흐흑!
슬픈데
웃겨…

사실 소크라테스는 법정이 그를 철학하지 않는다는 조건으로 무죄 방면하면서 조건을 어기면 죽게 될 것이라고 해도 자신은 절대로 달리 처신하지 않겠다고 재판 중에 항변하기도 했습니다. 그런 그가 왜 막상 법정의 사형 평결에 대해서는 순순히 받아들였을까요?

소크라테스는 만약 자신이 탈옥한다면 배심원들이 자신들의 평결이 정당했다고 확신할 것이라고 생각했습니다. 그는 배심원들이 자신을 법률을 망쳐 놓은 자이며, 그런 자는 젊은이들을 타락시킬 가능성이 충분한 자라고 비난할 것이라고 강조했습니다. 어쩌면 소크라테스가 죽기 전에 의술의 신인 아스클레피오스에게 닭 한 마리를 빚졌으니 갚아 달라고 유언을 남긴 것도 자신이 아테네의 신들을 믿고 있다는 항변일 수 있습니다.

단언컨대, 소크라테스는 '악법도 법이다.'란 말을 하지 않았습니다. 그는 악법과 싸운 것이 아니라 부당한 평결과 싸운 것이죠. 그런데 왜 그가 그런 말을 한 것으로 알려졌을까요? 우리나라의 옛 독재 시절, 독재자들은 국민들이 좋은 법이든 나쁜 법이든 따지지 말고 무조건 잘 복종하는 것을 원했습니다. 그래서 소크라테스가 그런 주장을 했다고 왜곡해서 교과서에 실었던 결과가 아닌가 생각합니다. 소크라테스의 명성을 이용한 셈이죠. 우리는 소크라테스 재판에 숨겨진 역사적 의미를 잘 새겨야 할 것입니다.

여우와 두루미의
공평한(?)

식사 이야기

「여우와 두루미」라는 유명한 이솝 우화가 있습니다. 초등학교 2학년 교과서에 실리기도 했으니 모두가 아는 내용일 겁니다.

어느 날, 여우가 두루미를 만찬에 초대했는데, 내놓은 음식이라곤 납작하고 큰 접시에 든 수프 한 그릇뿐이었습니다. 여우는 기다란 혀를 내밀어 맛있게 수프를 핥아 먹었지만 두루미는 아무리 애를 써도 접시의 수프를 먹을 수 없었습니다.

며칠 뒤, 이번에는 두루미가 여우를 만찬에 초대했습니다. 그러고는 음식을 주둥이가 길쭉한 호리병에 담아 내놓았습니다. 두루미는 기다란 주둥이를 병 속에 넣고는 음식을 맛있게 먹었지만 여우는 냄새만 맡을 수 있을 뿐 아무것도 먹을 수 없었습니다.

우리는 이 우화를 읽으며 많은 생각을 하게 됩니다. 한편으로 교과서에서처럼 "왜 다른 사람을 배려하고, 이해해야 할까?"라는 토론을 해 보는 것도 의미 있는 일입니다. 그런데 이런 토론 주제는 어떨까요? "어떤 규칙이 모두에게 똑같이 적용되기만 하면 공평한 규칙일까?" 이런 토론을 제안하는 이유는 우리들 중엔 '그렇다'고 생각하는 사람도 많기 때문입니다. 하지만 깊이 생각해 보면 그렇게 간단한 문제가 절대로 아닙니다.

예컨대 학교에서 청소를 하는데 학급 학생들 중 반만 남아서 청소를 하기로 했습니다. 누가 남아서 청소를 할 것인가를 정해야 하는데 팔씨름을 해서 지는 학생들만 남아 청소하기로 했습니다. 그런데 학생들 중 반은 여학생들이었습니다. 이 규칙이 공평한 것일까요?

또 이런 예는 어떤가요? 재벌 총수와 실업자가 운전을 하다 과속으로 경찰에게 단속됐습니다. 그래서 똑같이 3만 원의 범칙금을 부과받았습니다. 똑같은 법률을 적용했지만 재벌 총수에게 3만 원의 돈은 아주 작은 돈입니다. 하지만 실업자에게는 며칠간 밥을 굶어야 마련할 수 있을 만큼 큰돈입니다. 그렇다면 사정이 다른

부자와 가난한 자를 구분하여 능력에 따라 세금을 부과하는 누진세에 대해 처음에는 '공산주의적'이라는 반발까지 있었다. 1895년 미국 대법원은 누진 소득세를 위헌으로 선언하기도 했다. 하지만 누진세는 오늘날 각국의 보편적인 제도로 확립됐다.

두 사람에게 똑같은 법을 적용한 것이 혹시 불공평한 일은 아닐까요?

다양한 사람들이 살아가는 사회에서 공평한 법을 만든다는 건 생각보다 아주 어려운 일입니다. 대다수 사람들이 승복할 수 있는 공평한 법은 대다수 사람들의 서로 다른 입장을 고려해 만들어야 할 테니까요.

세상이 여우와 두루미로 돼 있다고 가정하고 한번 생각해 볼까요? 밥을 먹을 때 여우와 두루미 모두가 만족하는 밥그릇은 과연 어떤 모양이어야 할까요? 납작한 접시도 안 되고, 길쭉한 호리병도 안 됩니다. 아마도 적당하게 안이 파인 공기 그릇이라면 둘 다 그런대로 승복할지 모르겠습니다. 하지만 이런 경우에도 둘은 공기그릇 모양의 작은 변화에 아주 예민해질 겁니다. 여우는 납작해질수록 더 좋아할 것이고, 두루미는 길쭉해질수록 더 좋아할 것입니다.

여우와 두루미의 식사 그릇은 우리에게 많은 것을 생각하게 합니다. 과거에는 일부 힘 있는 세력이 자신들만의 이익을 위해 폭력적인 수단을 동원해 만든 명백한 악법을 힘없는 국민들에게 강요하던 독재 시절도 있었습니다. 그런 일방적인 법을 힘으로만 밀어붙이며 '법 앞에 평등'을 주장했습니다. 그렇지만 그런 악법은 사실상 법이 아닌 법이 우리를 현실적으로 잠시 지배하는 사이비 법

주니어 대학

법이냐
밥이냐
그것이
문제로다!

일 뿐입니다.

단지 모두에게 똑같은 법이 적용된다고 해서 무조건 공평한 것
은 절대 아닙니다. 우화 속 여우와 두루미도 그 사실을 깨달았을
까요? 그들은 그 후 어떻게 지냈을까요? 서로 식사 초대도 하지 않
고 따로 지냈을까요, 아니면 적당한 그릇에 음식을 담아 사이좋게
식사를 했을까요? 무척 궁금해집니다.

악플을
처벌하면

악법일까?

최근 한 유명한 여가수가 개인적으로 큰 슬픔을 겪었습니다. 신혼 중인 그녀가 첫 아이를 유산한 것입니다. 그런데 그녀를 더욱 힘들게 한 것은 이 안타까운 불행을 조롱하는 악성 댓글(이른바 악플)이었습니다. 그녀는 도를 넘은 악담을 참다못해 그런 악플을 단 악플러들을 경찰에 고소했습니다.

악플로 인한 피해 사례는 아주 많습니다. 심지어 악플이 비극적인 자살의 원인으로 추측되는 경우도 있습니다. 혹자는 물리적 폭력도 아닌 그저 글뿐인 악플 때문에 깊은 상처를 받고 괴로워하는 건 너무 심약한 것 아니냐는 말을 할 수도 있을 겁니다. 하지만 때로는 마음의 상처가 물리적 상처보다 더 큰 고통이 될 수도 있습니다.

　우리는 모두 악플이 좋지 않다는 생각을 합니다. 하지만 정작 비판과 악플을 어떻게 구별해야 할지, 법은 악플에 어떻게 대처해야 할지, 나아가 인터넷에 글을 쓸 때는 모두 실명 확인을 해서 글을 쓰게 하는 방침은 어떤지 등에 대해서는 의견이 분분합니다. 그 이유는 악플을 규제하는 것이 불가피하다 할지라도, 글쓰기를 너무 까다롭게 규제하면 자칫 언론의 자유를 침해할 수 있다는 우려도 있기 때문이죠.

　우리 헌법은 언론의 자유를 보장하면서도, 다른 한편으로 그 언론의 자유가 '타인의 명예나 권리 또는 공중도덕이나 사회윤리'를 침해해서는 안 된다고 규정하고 있습니다. 그렇다면 '언론의 자유'와 '타인의 명예나 권리'를 어떻게 합리적으로 조화시킬 수 있을까요? 인터넷 실명제를 통해 그 합리적 조화를 추구하는 건 헌법 정신에 부합하는 것일까요?

　2012년, 우리 헌법재판소는 본인 확인제(인터넷 실명제)가 헌법에 위반된다고 결정했습니다. 헌법재판소는 본인 확인이라는 방법으로 게시판 이용자의 표현의 자유를 사전에 제한하는 것은 의사 표현을 위축시킴으로써 민주주의의 근간을 이루는 자유로운 여론 형성을 방해한다고 판단했습니다.

　하지만 우리는 이 결정을 오해해서는 안 됩니다. 헌법재판소의

　주니어 대학

야!
너 지금 악플
달려고
그러지?
어헛!
언론의 자유를
침해 하지 마!
너도 남들의
명예나 권리를
침해하지
말라고 ~
속-

결정은 인터넷상의 언어폭력, 명예훼손, 불법 정보의 유통 등을 감수해야 한다는 것이 결코 아니었습니다. 헌법재판소는 건전한 인터넷 문화의 조성 등에 문제가 발생할 경우 인터넷 주소 등의 추적 및 확인이나, 해당되는 정보의 삭제·임시 조치, 그리고 사후적인 손해배상 또는 형사처벌 등의 방법을 통해 충분히 문제를 해결할 수 있다는 것이었습니다. 한마디로 익명으로 글을 쓰는 자유를 사전에 위축시키는 법은 악법이지만 악플을 단 사람을 찾아내 사후에 처벌하는 법은 악법이 아니란 것이었죠.

관련법에 따르면, 19세 미만 소년들의 경우도 문제를 일으킬 경우 특별 조치를 받긴 하지만 처벌로부터 완전히 자유로운 것은 아닙니다. 10세 이상 14세 미만 소년의 경우라면, 소년부의 보호 처분을 받고, 부모님이나 후견인은 손해배상 책임을 지게 됩니다. 여러분도 도를 넘는 악플로 남에게 심한 상처를 주면 판사님을 만날 수 있으니 주의해야겠죠?

오늘날에는 본인 확인제 사례에서 보듯, 명백한 악법이 문제라기보다는 국민들의 기본권이 서로 충돌해서 일어나는 어려움을 조화롭게 해결하는 것이 큰 숙제입니다. 이를 현명하게 해결하지 못하면 편파적인 법이라는 비난을 받을 수밖에 없습니다. 그리고 편파적인 법은 과거 독재 시대의 악법과 정도 차이는 있겠지만 나쁜 법이라고 할 수 있습니다.

　다행스러운 점은 오늘날에는 편파적인 나쁜 법이 있다 해도 대부분 헌법재판소의 결정을 통해 합법적으로 고치거나 없앨 수 있는 길이 있다는 것입니다. 물론 헌법재판소가 올바른 결정을 할 수 있도록 민주적 견제를 소홀히 하면 안 되겠죠. 그리고 그보다 더 바람직한 것은 애초부터 공평한 법을 만들기 위해 우리 모두가 최선을 다하는 것이겠죠.

도둑이야!

왜 법은 잘 지켜지지 않는 것일까?

황금 송아지와
다투며

동행하는 법

성경엔 아주 의미심장한 이야기가 있습니다. 모세가 시나이 산에서 40일 밤낮을 머무르며 두 개의 돌판에 쓰인 십계명을 여호와로부터 받아 이스라엘 백성에게 전파하는 과정입니다. 이스라엘 백성들은 모세를 진득하게 기다리지 않았습니다. 그들은 소식이 없는 모세를 기다리지 못하고 여호와를 대체할 다른 신을 원했습니다. 그것은 바로 아론의 선동으로 만든 황금 송아지였습니다.

위 이야기엔 하나의 은유가 들어 있습니다. 그것은 여호와의 율법에 맞서는 '황금의 힘'이라는 은유입니다. 법은 어떤 법이든 우리의 정신적 의지를 표현합니다. 그런데 황금의 힘은 우리의 정신적 의지에 개의치 않는 물질적 힘입니다. 우리는 '정신적 힘'으로 그 '물질적 힘'을 통제하려 하지만 쉽지 않습니다. 다음과 같은 상황을 한번 상상해 보세요.

이다음에 여러분은 회사의 사장이 될 수도 있습니다. 그렇게 되면 여러분은 회사에서 근무하는 직원들에게 많은 월급을 주고 싶을 겁니다. 그래서 직원들에게 세계에서 가장 많은 월급을 줬습니다. 그런데 그렇게 많은 월급을 주다 보니 회사에서 만든 물건 값이 비싸졌습니다. 그러사 물건이 잘 팔리지 않고 회사의 경영이 어려워졌습니다. 이렇게 되면 여러분은 아무리 착한 사장이 되고 싶어도 직원들의 월급을 다른 회사와 맞출 수밖에 없을 겁니다. 아니 어쩌면 더 적게 줘야 할지도 모릅니다. 그것이 회사를 살리는 길일 테니까요.

이렇게 우리는 정신적 의지가 우리들의 행동을 좌우하는 전부일 수 없다는 사정을 이해하는 것이 아주 중요합니다. 즉 우리의 정신적 의지로부터 독립적인 물질적 힘이 따로 존재한다는 사실을 이해하는 것이 아주 중요하다는 말이죠. 아마도 좋은 의도를 가지고 만든 법이 잘 지켜지지 않는 이유도 대부분 그 때문일 겁니다.

여러분이 나중에 국회의원이나 법조인이 되더라도 오직 법만 있으면 세상이 그 법대로 움직일 것이라는 착각에 빠지면 안 됩니

황금 보기를 돌같이 하라!
저건 진짜 돌이고 내가 법!
으아… 고민되네?!

다. 법의 근원에 세상을 움직이는 또 다른 힘이 있습니다. 어쩌면 그 근원의 힘이 바로 물질적 힘일 수도 있습니다. 그러므로 우리가 법을 온전히 이해하기 위해서는 단순히 법조문만 알아서는 안 되고, 법의 근원에 있는 그 힘을 알아야만 합니다.

하지만 그 물질적 힘에 굴복해 물질적 힘만으로 움직이는 세상을 상상하기는 어렵습니다. 성경에서도 여호와는 황금 송아지를 신으로 모신 이스라엘 백성들에게 강력한 경고를 했습니다. 우리는 물질적 힘을 극복하기 위해 함께 노력할 수밖에 없습니다.

우리는 우리의 재산을 보장하고, 상품을 만들어 사고팔기 위해 필요에 따라 법을 만듭니다. 하지만 그것은 모두 사회 공동체에서 실현되는 만큼 그 한계가 있습니다. 지나치게 임금을 적게 준다거나 불공정한 상거래를 하는 것을 방치할 수는 없겠죠. 그것 또한 법을 만드는 이유입니다.

황금 송아지, 자본의 힘, 즉 물질적 힘이 아무리 세다고 해도 그 힘만이 세상을 지배하도록 내버려 둘 수는 없습니다. 법은 한편으로 물질적 힘을 보장하면서 다른 한편으로 그 물질적 힘을 극복하기 위한 우리들의 정신적 힘을 보여 줍니다. 말하자면 법은 황금 송아지가 제 갈 길만을 고집하지 못하도록 다투며 동행하는 것이죠. 그러므로 법을 알기 위해서는 그 두 힘을 모두 알아야만 할 것입니다.

   주니어 대학

정의의 여신상,

그녀의 눈을
가려야 하는가?

여러분은 '정의의 여신상'을 본 적이 있나요? 정의의 여신상은 고대 그리스의 디케상에서 유래한 것으로, 로마에서는 유스티치아상이라고 불렀습니다. 오늘날 우리가 흔히 보는 이 정의의 여신상은 보통 안대로 눈을 가리고 있으며, 오른손엔 칼을, 왼손엔 저울을 들고 있는 모습입니다. 저울처럼 공평하고 칼처럼 냉정하게 판단하는 여신의 모습을 형상화한 것이라고 할 수 있습니다.

그런데 왜 정의의 여신상은 안대로 눈을 가리고 있을까요? 물론 역사 속에 등장하는 모든 정의의 여신상이 눈을 가리고 있는 것은 아닙니다. 눈을 가리지 않은 정의의 여신상도 많이 있습니다.

우리나라 대법원의 정의의 여신상도 눈을 가리지 않습니다. 흥미로운 것은 역사 속에서 눈을 가린 안대와 관련해 날카로운 풍자가 있었다는 겁니다. 광대가 정의의 여신상의 눈을 가려 주며 정의를 보지 못한다는 풍자를 한 적도 있으며, 왼쪽 눈만을 가린 채 등장시켜 불공평하다는 풍자를 하기도 했습니다.

여러분 생각은 어떤가요? 안대로 눈을 가린 것이 좋을까요, 오히려 눈을 뜨고 있는 것이 좋을까요? 그것도 아니면 차라리 엽기적으로 한쪽 눈만 뜨고 윙크하는 모습이 더 나을까요? 우리가 이런 생각을 하는 것은 이 세상의 강자와 약자가 재판을 할 때 판사는 눈을 가리고 모두에게 똑같은 대우를 하는 것이 정의일까, 아

니면 차라리 눈을 뜨고 특별히 약자의 사정을 살펴 판단을 하는 것이 정의일까라는 고민을 하기 때문입니다. 이 고민은 결코 간단한 문제가 아닙니다.

우리는 보통 판사가 판결을 할 때(특별히 형사재판의 경우) 그저 누구에게나 동일한 범행에는 동일한 형벌이 내려질 것으로 생각합니다. 하지만 법 그 자체 내에 이미 여러 가지 사정을 고려하라는 내용이 규정돼 있습니다. 예컨대 형법은 형을 정할 때 범위의 연령, 성품과 행실, 지능과 환경 등을 참작하도록 하고 있습니다. 그래서 변호사가 피고인의 어려운 사정과 불우한 성장 과정을 강조하며 선처를 호소하는 경우를 많이 봅니다. 이때 만약 판사가 안대로 눈을 가리고 있다면 오히려 피고인의 그 사정을 잘 판단하기 힘들지 모릅니다.

그런데 다른 한편으로 판사가 안대로 눈을 가리지 않고 피고인의 사정을 고려하는 것이 오히려 힘 있는 사람에게만 특별히 유리하게 작용하는 경우가 있습니다. 예컨대 국민적 비난을 받는 재벌 총수의 범죄 행위에 대해 판사가 '거대 기업이 우리 경제 성장에 기여'한 점을 감안한다든가, '사회 격리보다 경제 발전 기회 부여'를 하는 것이 형벌 제도 이상에 더 부합한다는 이유로 관대한 처벌을 하는 경우입니다.

그래서 정의의 여신상의 안대를 두고 오늘도 고민하는 겁니다. 이상적으로 말한다면 약자의 사정을 파악하기 위해서는 법도, 그 법을 판단하는 판사도 차라리 눈을 뜨고 살피는 것이 좋다고 할 수 있겠죠. 하지만 우리가 그 취지를 잘못 악용한다면 약자의 사정을 파악하기보다는 강자의 이익을 위해 봉사하는 것이 될 수도 있습니다. 모든 것이 결국 정의를 실현하기 위한 우리의 자세에 달려 있다고 할 수 있겠습니다.

단지 법정에서 판사에게 판결을 받을 때에만, 힘없는 사람들이 법이 불공평하다고 느낄 가능성이 있는 것은 아닙니다. 오히려 법이 집행되는 과정에서 약자는 더 억울하다고 느낄 수도 있습니다. 모두가 잘못했는데 그중 한 사람만 붙잡아 법을 적용하는 경우입니다.

예컨대 많은 학생들이 시험을 치면서 부정행위를 했는데 선생님이 한 학생만 징계한다거나, 많은 사람이 도로에서 무단 횡단을 했는데 경찰이 한 사람만 단속하는 경우입니다. 물론 모두를 붙잡는 것이 어려워 어쩔 수 없이 그랬다면 설명이 되지만, 그냥 고의로 힘없는 사람만 붙잡아 처벌한다면 법 집행이 절대 공평하다고 말할 수 없을 겁니다. 사람들은 이런 경우를 '표적수사'라고 합니다.

우리는 법이 공평해야 한다고 말합니다. 법을 만드는 것도 그렇지만 법을 집행하고, 법정에서 판단하는 것도 그래야 합니다. 힘 있는 사람에게만 유리하고, 힘없는 사람에게는 불리한 법이라면 그 법은 모두의 신뢰를 받지 못할 겁니다. 정의의 여신상을 보며 많은 생각을 하게 됩니다.

돈키호테는
어쩌다

돈키호테가 됐을까?

소설 『돈키호테』는 에스파냐의 라만차에 살았던 한 사나이의 이야기입니다. 소설의 주인공인 돈키호테는 나이가 쉰 살쯤 됐습니다. 그는 모든 일을 내팽개치고 오직 기사 소설 읽는 데만 몰두했습니다. 밤낮을 안 가리고 독서만 하던 그는 결국 정신이 이상하게 돼 버렸습니다.

그의 머릿속은 소설 속의 온갖 터무니없는 환상으로 가득 찼습니다. 그런데 더 큰 문제는 그 환상이 모두 현실이라고 믿는다는 것이었죠. 여기서 그쳤다면 그나마 다행이었을 텐데, 그는 자신이 실제로 방랑 기사가 돼 세상을 구제해야 한다고 믿었습니다.

그래서 어느 더운 날 새벽 동트기 전, 돈키호테는 비루먹은 말을 타고, 나름대로 무장한 우스꽝스러운 기사의 모습으로, 파란만장한 모험길에 나섭니다. 그의 모험길은 주인이 제정신이 아니라는 걸 잘 아는 종자 산초 판사가 함께합니다.

그런데 이 오래된 소설은 무슨 이유로 지금까지 많은 사람들의 관심을 끌며 역사적 고전이 된 것일까요? 단지 돈키호테의 우스꽝스러운 언행이 재미있어서 고전이 된 걸까요? 아닙니다. 서구 최초의 근대 소설로 인정받고 있는 소설 『돈키호테』는 1605년에 발표됐습니다. 중세가 이미 저물어 간 시점이죠. 그 점이 아주 중요합니다.

우리는 돈키호테의 행동을 한마디로 정확히 표현할 수 있습니다. 그것은 '시대착오'입니다. 돈키호테는 이미 서산에 진 중세 봉건 체제 이념의 터무니없는 수호자입니다. 하지만 그는 세상의 변화를 전혀 모릅니다. 그를 따르는 종자 산초 판사도 당연히 알고 있는 사실을 말이죠. 시대착오적인 돈키호테와 맨정신으로 천연덕스럽게 그를 관찰하며 따르는 산초 판사의 우스꽝스러운 동행 그 자체가 시대의 통렬한 풍자입니다. 『돈키호테』는 그렇게 역사적 고전이 된 겁니다.

오늘날에도 세상의 변화를 이해하지 못하는 사람들이 많습니다. 그들은 세상의 변화에 맞서며 돈키호테처럼 우스꽝스러운 언행을 일삼습니다. 하지만 그들은 머릿속 환상을 현실로 믿고 살아

法
내가 썩은 세상을 구해 주마!
ㅇㅋㄷㅋ
어휴~ 썩어 빠진 갑옷이나 벗으세욧!

가기 때문에 자신들이 풍차와 싸우고 있다는 사실을 모릅니다. 당연히 법에도 돈키호테 같은 법이 있을 수 있습니다. 대표적인 예가 헌법재판소로부터 불합치 결정을 받았던 민법상 동성동본 금혼 규정이었습니다.

동성동본이란 성과 본관(시조가 난 곳)이 모두 같은 것을 말합니다. 우리나라에서는 신라 말기에 지배 계급이 성씨를 만들어 사용했는데, 일반 백성들 사이에서도 성씨를 사용한 것은 고려 때부터라고 일반적으로 알려져 있습니다. 그리고 동성동본 금혼제가 실제로 법제화된 것은 조선 시대부터이고, 더욱이 그 확립 시기는 17세기 후반 이후였습니다.

그런데 이 동성동본 금혼 제도가 현대에서도 필요한 제도였을까요? 동성동본 금혼 제도를 찬성하는 측은 유전학적 이유를 강조하기도 했지만, 헌법재판소는 동성동본 금혼이 아니더라도 민법이 금지하는 근친혼의 범위는 다른 나라보다 더 넓은 편이고, 동성동본 사이의 혼인이 다른 혼인보다 유전학적 질병 발생 빈도가 높다는 과학적인 증명도 없다고 말했습니다.

헌법재판소는 민법상 동성동본 금혼 규정이 남계 혈족만을 따지고 있고, 우생학적 이유보다는 봉건 사회의 유물이라고 보고 헌법 불합치 결정을 내렸습니다. 하지만 동성동본 금혼 규정은 헌법재판소에서 헌법 불합치 결정을 내리기 이전에도 사실상 사문화된 법이었습니다. 동성동본 금혼 규정에도 불구하고 수많은 사랑하는 남녀가 사실혼 관계를 맺었고, 법은 어쩔 수 없이 거의 10년 주기로 한시법을 제정해 구제해 줬기 때문이죠.

우리는 크건 작건 법이 시대에 뒤떨어지지 않도록 하기 위해 노력해야 합니다. 시대착오적인 돈키호테 같은 법은 잘 지켜지지도 않고, 오히려 조롱만 받으며 시대 발전에 장애가 될 뿐입니다. 여러분도 분명히 기억해 두기 바랍니다. 흘러간 과거 속에 살며 제아무리 용맹했던 돈키호테도 결국 역사의 진보를 막을 수는 없었습니다.

삐!

법을 판단하는 판사도 축구 심판처럼 실수를 할까?

솔로몬 왕이
만약 지금

태어났다면?

성경에 솔로몬의 재판에 관한 유명한 에피소드가 있습니다. 솔로몬은 다윗 왕의 아들로 기원전 10세기경 이스라엘을 통치한 제3대 왕입니다.

어느 날, 솔로몬 왕 앞에 한집에 산다는 두 여인이 나타났습니다. 한 여인이 말했습니다. 자신이 해산한 지 사흘 후, 함께 온 여인도 아이를 낳았는데 아침에 젖을 먹이려고 보니 품 속 아이가 죽어 있었다는 겁니다. 그 여인은 함께 온 여인을 고소했습니다. 그 여인이 밤중에 실수로 아이 위에 누워 아들이 죽자, 자신이 잠든 사이 몰래 그녀의 죽은 아이와 자신의 산 아이를 바꿔치기했다는 것이었습니다.(그런데 그녀는 그런 사실을 어떻게 알았을까요? 그녀의 진실성이 뭔가 조금 의심스럽습니다.) 물론 함께 온 여인은 산 아이가 자신의 아이라고 주장했습니다.

옛날엔 유전자 검사 같은 과학적 방법으로 친모를 확인할 방법도 없거니와 다른 증인도 없는 터라 솔로몬 왕은 난감했을 겁니다. 솔로몬 왕은 방법이 없으니 칼로 산 아이를 둘로 나눠 두 여인에게 나눠 주라고 명령했습니다. 이 잔혹한 판결 앞에서 두 여인

은 어찌했을까요? 한 여인이 가슴이 미어지는 듯 슬퍼하며 아이를 죽이지 말라 애원했습니다. 그러고는 그 아이를 다른 여인에게 주라고 했습니다. 하지만 그 다른 여인은 아이가 내 것도 안 되고, 네 것도 안 되니, 나눠 달라고 했습니다.

솔로몬 왕의 판결은 명쾌했습니다. 솔로몬 왕은 아이를 죽이지 말고 차라리 다른 여인에게 주라고 했던 여인에게 그 아이를 주라

고 명령했습니다. 그녀가 아이의 진짜 어머니라고 판결한 것입니다. 진짜 어머니라면 자식을 자신이 키우지 못하는 한이 있더라도 자식이 죽지 않기를 바라는 마음이 있을 것이라고 솔로몬 왕은 확신했던 것이죠.

우리는 솔로몬 왕의 재판 이야기를 들으며 인간의 성품을 꿰뚫어 보는 그의 탁월한 능력에 감탄하게 됩니다. 성경에서도 사람들이 솔로몬 왕에게 하느님의 지혜가 있다는 것을 알고 두려워했다고 전합니다. 하지만 솔로몬 왕이 만약 지금 태어나 판사가 됐다면 어땠을까요? 오늘날의 판사에게서 솔로몬 왕의 지혜를 기대하는 것은 쉽지 않습니다.

우선 사적인 다툼을 규율하는 민사소송법은 원고와 피고라는 소송 당사자가 주도적으로 자기 권리를 주장하고, 증거를 제출하면 법원의 판사는 제3자적 입장에서 그 합법성을 판단하게 돼 있습니다. 형사소송법은 당사자인 검사와 피고인이 주도하는 측면과 법원의 판사가 주도하는 측면이 조화를 이루고는 있지만 이 경우에도 솔로몬 왕처럼 모든 것을 판사가 알아서 주도해 주기를 기대하기는 매우 어렵습니다.

그 때문에 우리가 만약 재판에 임할 경우에는 판사가 하느님의 지혜를 갖고 모든 것을 잘 알아서 판단해 주겠지 하며 구경하듯 법정에 앉아 있으면 절대 안 됩니다. 그러면 이길 재판도 져서 억

주니어 대학

울한 일을 당할 수도 있습니다. 오늘날의 판사는 모든 것을 알아서 척척 판단해 주는 초능력자가 결코 아닙니다.

그런데 이길 재판도 지는 경우가 있다면, 질 재판이 이기는 경우도 있을까요? 슬프지만 그런 일도 당연히 있을 겁니다. 만약 판사가 초능력자라면 그런 정의롭지 못한 일은 결코 없겠죠. 하지만 판사는 결코 초능력자가 아닙니다. 그러므로 판사는 변호사가 변론을 잘할수록 당연히 더 많은 공감을 하게 될 것입니다. 그래서 법정에서 소송하는 사람들은 유능한 변호사를 선임하기 위해 모두들 엄청 노력합니다.

문제는 유능한 변호사일수록 선임 비용이 너무 많이 든다는 겁니다. 그러니 가난한 사람은 유능한 변호사를 선임할 수 없고, 법정에서 불리할 수밖에 없습니다. 이는 우리의 법 제도가 반드시 해결해야 할 중요한 문제입니다.

법원의 판결과
자판기 캔 음료의

차이

어느 날, 여러분의 부모님이 '형제자매끼리 집 안에서 싸우지 말라.'는 엄명을 내렸습니다. 이제 그것은 집 안에서 일종의 법이 됐습니다. 착한 여러분은 이제 그 법을 성실하게 지키고 싶습니다. 그런데 여러분에게 이런 궁금증이 생겼습니다. '사촌 형제와는 싸워도 될까? 집 밖에서는 형제자매와 싸워도 된다는 말씀일까? 말싸움은 괜찮을까?' 만약 여러분이 이런 등등의 문제를 따지기 시작하면 법적 어려움이 시작되는 것입니다.

그것이 다가 아닙니다. 여러분의 실제 행동을 법적으로 해석하고 판단하는 어려움도 곧 생길 겁니다. 예컨대 여러분이 동생에게 꿀밤을 한 대 먹였습니다. 그런데 동생이 울어 버렸습니다. 그러자 아버지가 싸웠다고 화를 냈습니다. 꿀밤을 때린 그 행동이 싸움이 었을까요, 아니면 장난이었을까요? 만약 장난을 쳤다고 생각했는 데 아버지가 싸웠다고 혼을 낸다면, 여러분은 불만일 겁니다. 하지 만 객관적으로 보기에 그 강도가 너무 셌다면 장난이 아닌 싸움 을 시작했다고 볼 수도 있겠죠.

법을 이해하고 따지는 것은 한없이 어려운 난제입니다. 예컨대 여러분이 동생을 한 대 때렸는데 동생이 맞지 않기 위해 형을 세 게 밀쳐 형이 다쳤다면 동생은 싸움을 한 것일까요, 아니면 정당 하게 방어를 한 것일까요? 만약 동생이 잘못 행동한 것이라면 앞 으로 형이 동생을 때릴 때 맞기만 해야 할까요? 동생에게도 자기 방어를 할 권리가 있다면 아무리 세게 밀어 형이 큰 부상을 당해 도 좋은 것일까요? 맞지 않기 위해 적당히 형을 밀어도 된다면 어 느 정도 힘으로 밀어야 할까요?

모든 것은 결국 부모님이 판단하실 겁니다. 그리고 여러분은 그 판단에 복종해야 할 겁니다. 그런데 이 모든 상황이 사실상 우리 들 법 문제와 거의 같습니다. 그러므로 문제를 이렇게 바꿔 보면 흥미로울 것 같습니다. 여러분은 부모님의 판단이 수학 문제의 정 답과 같다고 생각하나요?

법과 관련된 아주 흔한 오해가 있습니다. 그것은 법원의 판결을 자판기에서 나오는 캔 음료처럼 생각하는 오해입니다. 모두가 그런 건 아니겠지만 분명 그런 오해는 존재합니다. 많은 사람들은 어떤 분쟁을 법원에 가지고 가면 법원의 판사가 그 사안을 잘 파악해서 '정해진 답'을 알려 주는 것이라고 생각합니다. 말하자면 자판기에 돈을 넣으면 정해진 물건이 나오듯 법원에 사건을 넣으면 정해진 답이 나온다는 오해를 하는 것이죠.

하지만 사법은 수학 문제 풀이가 아닙니다. 풀기 어려운 수학 문제는 우리가 그 답을 모른다 해도 정답이 이미 존재합니다. 우리는 이미 존재하는 그 정답을 모를 뿐입니다. 하지만 법적 판결의 세계에 이미 정해진 정답은 존재하지 않습니다. 우리가 알고 있는 것은 문장(혹은 관념)으로서의 법입니다. 그것을 해석하는 방식은 각양각색입니다. 때로는 시대에 따라 그 해석이 변하기도 합니다. 더군다나 그 법을 적용해 실제로 어떤 판결이 나올지 수학 문제의 정답을 확신하듯 정확히 예측하기는 불가능합니다.

우리는 법에 수학적 정답이 없다는 것을 알아야만 법조인들이, 그리고 학자들이 서로 자기의 생각이 옳다고 주장하는 흥미로운 현상을 이해할 수 있습니다. 생각해 보면 이상하지 않나요? 왜 법정에서 다투는 검사, 변호사는 물론이고, 판결을 하는 판사까지 그렇게 생각이 다를까요? 법에 수학적 정답이 있는 것이라면 그들의 개인적 입장이 아무리 달라도 결국에는 모두가 동의하는 단하나의 결론에 도달해야 할 것입니다. 하지만 대법원 대법관들이

학생,
그래도 그건
답이라도 있지~
'법'엔
정답이
없다고!
근데 너
그거 답
정말
모르냐?
어휴~
이 문제 너무
어려워!
오늘 안에 풀수
있을까?
□=
9×ㄴ

나 헌법재판소 재판관들도 서로 생각이 달라 소수 의견을 내는 경우가 아주 많고, 또 자연스럽기까지 합니다. 그리고 그 소수 의견이 시간이 흐른 뒤 다수 의견이 되는 경우도 많습니다.

법에 수학적 정답이 없다는 것은 단순히 법 문장을 해석하는 의견 차이 혹은 그 어려움을 가리키는 말은 아닙니다. 우리의 실제 행동을 법적으로 해석하고 판단하는 것도 그렇습니다. 더군다나 수학적 정답이 없는 그 모든 법적 판단에 대해 사회적인 신뢰와 공감대까지 형성해 가야 하므로 법의 문제는 한없이 어렵습니다.

우리는 법에 수학적 정답이 없다고 해서, 법의 문제를 다수결로 해결할 수도 없다는 사실을 잘 알고 있습니다. 법은 다수가 만든 것이지만 오히려 다수자로부터 소수자를 보호해야 하는 사명이 아주 큽니다. 만약 우리가 법적 판단을 다수결로 해결하려고 하면 법을 어기며 나쁜 짓을 한 사람이나, 사람들에게 군림하는 힘 있는 사람들이 오히려 법적 특권을 누리게 될지도 모릅니다. 물론 그런 일이 있어서는 안 되겠죠.

수학적 정답이 없는 법, 그 법을 통해 우리들의 삶을 발전시키기 위해서는 사회적으로 현명한 노력이 필요합니다.

「여왕의 교실」에서
붙잡힌

착한 도둑 이야기

2013년 여름, 초등학교 교실을 다룬 「여왕의 교실」이라는 드라마가 방영됐습니다. 그중에 이런 에피소드가 있었습니다.

어느 날, 교실에서 황수진이 남자 친구에게 선물 받았다며 빨간 지갑을 자랑합니다. 고나리는 그게 너무 얄미워 그 지갑을 훔칩니다. 지갑 도난 사건이 커지고 고나리는 훔친 지갑을 쓰레기장에 몰래 버리려고 합니다. 그런데 심하나가 그걸 봅니다. 심하나와 고나리는 친한 친구 사이입니다. 고나리는 심하나에게 잠깐 골탕 먹이려고 그랬을 뿐이라고 변명합니다. 그러고는 꼴찌 반장 심하나에게 그 지갑을 황수진 책상에 슬쩍 넣어 놔 달라고 부탁까지 합니다. 착한 심하나는 친구의 그 부탁을 들어줍니다. 하지만 심하나가 황수진의 가방에 지갑을 넣으려는 순간 다른 친구 은보미에게 들킵니다. 그러고는 모두가 이 사실을 알게 됩니다. 심하나는 이제 잘못하면 꼼짝없이 도둑으로 몰릴 수밖에 없습니다.

여기서 담임 마 선생님과 학생 심하나의 흥미로운 대화가 나옵니다. 법정의 신문 같은 대화입니다. 이 대화는 다른 친구들이 모두 마 선생님과 심하나를 빙 둘러싸고 있는 가운데 이뤄집니다. 여러분도 이 장면에 참여했다고 생각하고 대화를 잘 들어 보기 바랍니다.

마 선생: 왜 훔친 거야?

심하나: 전 훔치지 않았습니다.

마 선생: 그럼 왜 네가 지갑을 갖고 있었던 거지?

심하나: (…) 친구가 부탁했습니다. 지갑을 다시 돌려놔 달라고. (…)

마 선생: 거짓말. 네가 지어낸 얘기야. 범인으로 잡혀 놓고 그럴듯하게 포장해서 빠져나가려는.

심하나: 아닙니다.

마 선생: 뭐라 하든, 진짜 범인의 이름을 말할 생각이 없다면 진짜 범인은 너야!

이렇게 해서 심하나는 꼼짝없이 누명을 쓰게 됐습니다. 뭐가 잘 못됐을까요? 심하나는 친구의 이름을 말하지 않았으므로 도둑으로 처벌받아도 당연한 것일까요? 드라마의 마 선생님이 이렇게 가혹한 것은 스스로 부조리한 권력이 돼 학생들에게 현실을 깨닫게 한다는 교육적 목표 때문이었습니다. 하지만 만약 법정에서 이런 식의 신문을 근거로 판결을 내린다면 어떨까요? 그런 식의 신문은 오판으로 안내하는 지름길일 뿐입니다.

여러분은 마 선생님의 주장에서 어떤 문제점을 찾아냈나요? 심하나는 자신의 결백을 입증하지 못했지만 그렇다고 마 선생님이 심하나가 지갑을 훔쳤다는 입증을 한 것도 아닙니다. 정황이 그렇게 보였을 뿐, 모두 심하나가 지갑을 훔친 것을 직접 본 것도 아니고 다른 증거가 있는 것도 아닙니다. 그런데도 모두 심하나가 자신의 결백을 입증하지 못했으므로 당연히 범인이라고 믿고 있습니다.

이럴 때 법은 어떻게 판단해야 할까요? 법은 심하나가 자신이 '지갑을 훔치지 않았다.'는 입증을 하지 못하더라도 처벌하지 못하도록 하고 있습니다. 심하나를 처벌하기 위해서는 반드시 심하나가 '지갑을 훔쳤다.'는 입증을 해야만 합니다. 이것이 헌법이 보장

범인은 심하나 너야!
몰라! 유죄를 추정할 뿐!
헐! 선생님은 무죄추정의 원칙도 모르심?

하는 '무죄추정의 원칙'입니다.

법은 판단의 실수를 줄이기 위해 많은 노력을 합니다. 그중 가장 중요한 원칙은 무죄추정의 원칙입니다. 생각해 보세요. 만약 경찰이 지나가는 아무나 붙잡아 인상이 꼭 도둑놈 같다는 이유로 "네 죄를 네가 알렸다! 어젯밤에 이 동네에서 일어난 닭 도둑 사건의 범인이 아니라는 입증을 해 봐라. 못 하면 네가 범인이다!"라고 우기면 얼마나 많은 억울한 피해자가 생기겠습니까? 민사 관계에서는 얘기가 다릅니다만, 형사 관계에서 범죄를 입증하는 것은 나라의 책임입니다. 즉 우리가 범죄자가 아니라는 입증을 해야 할 책임은 전혀 없습니다.

무죄추정의 원칙에 근거해 우리 모두는 고문을 받지 않고, 오직 증거에 의해서만 처벌받는 것입니다. 그리고 법원의 판사는 오판을 줄이기 위해 이런 원칙을 철저하게 지키고 있습니다. 이런 원칙 때문에 실제로 죄를 지은 범인이라 할지라도 때로는 처벌하지 못하는 경우가 생길 수 있겠죠. 하지만 이런 원칙이 무너지면 억울한 사람들이 아주 많이 생길 수도 있을 것입니다. 그러니 더 큰 사회 정의를 위해 이 원칙을 철저히 지킬 수밖에 없는 것입니다.

저요?
저 '법' 없이도
살 사람이에요!
암요! ㅎㅎㅎ
전과
17범
전자
발찌

법 없이도 살 수 있을까?

자베르는
왜 장 발장만

쫓는가?

2012년 겨울, 빅토르 위고의 원작을 뮤지컬 영화로 만든 「레미제라블」이 많은 인기를 끌었습니다. 영화 속에서, 죄수 장 발장이 출옥하는 날 간수 자베르와 이런 노랫말을 주고받습니다.

장 발장: 난 빵 한 조각을 훔쳤을 뿐이오. 조카가 죽어 가고 있었소. 우리는 굶주리고 있었소.

자베르: 만약 법의 의미를 배우지 않으면, 너는 다시 굶주릴 것이다.

장 발장: 19년 감옥살이의 의미는 나도 알고 있소. 법의 노예였소!

자베르: 5년은 죄의 대가고, 나머지는 탈옥하려 했기 때문이지.

　기본적으로, 법은 힘써서 특정인을 부자로 만들어 주거나 일부러 가난뱅이로 만들지는 않습니다. 단지 모두의 재산을 지켜 주고, 모두가 범죄를 저지르지 못하도록 할 뿐입니다. 하지만 애초에 재산이 없는 사람들은 법으로부터 큰 도움을 받지 못합니다. 그들에겐 법이 지켜 주려야 지켜 줄 재산이 없기 때문이죠. 모두가 알고 있듯이, 법은 모두에게 빵을 훔치지 말라고 공평하게 선언합니다. 하지만 부자가 남의 빵을 훔칠 이유가 뭐가 있겠습니까?

가난한 장 발장은 자신이 법의 노예였을 뿐이라고 탄식했습니다. 그런 법이라도 모두에게 공평하다면 그나마 세상은 나을 것입니다. 하지만 경찰 자베르는 사회의 힘 있는 사람들에게는 한없이 약하고, 힘없는 사람에게는 너무나 강합니다. 심지어는 자신의 신분을 감추고 새로운 삶을 사는 장 발장을 자베르는 악착같이 추적해 그 새로운 삶까지 망가뜨리려 합니다. 영화의 후반부는 이런 불공평한 세상에 분노해 가난한 민중들이 봉기하는 내용입니다.

새로운 삶을 살게 된 장 발장은 자신을 그토록 괴롭혔던 법을
이제 어떻게 생각할까요? 그는 더 이상 법을 원망하지 않습니다.
오히려 장 발장은 자베르를 위기에서 구해 주며 당신은 당신의 할
일을 했을 뿐이라고 말합니다.

반면 자베르는 선한 법을 집행하는 자신의 목숨이 악한 장 발
장에 의해 구해졌다는 사실을 인정하기 힘듭니다. 그는 확신을 잃
고 머릿속이 혼란스럽습니다. 그는 자신이 알고 있던 세상이 어둠
속에 사라졌다고 탄식합니다. 하지만 그의 마음은 이미 움직였습
니다. 자베르는 봉기 중에 죽은 어린 소년의 가슴에 자신의 훈장
을 떼 달아 주기도 합니다. 자베르는 결국 강물에 몸을 던져 죽습
니다. 그는 장 발장의 세계로부터 그렇게 탈출합니다.

여기서 궁금한 것은 법은 '법 없이도 살 사람'을 보호해 주는
것일까요, 아니면 오히려 그들을 괴롭히는 것일까요? 한편에서는
'법 없이도 살 사람'이야말로 세상이 너무 험해 '법의 보호 없이는
못 살 사람'이라고 주장합니다. 하지만 다른 한편에서는 '법 없이
도 살 사람'이 '나쁜 법 때문에 못 살겠다.'는 말을 할 정도로 법을
불신합니다. 법은 강자의 편일 뿐이라는 주장이죠.

우리가 만약 '법 없이도 살 사람'이라든가 '법 없이도 살 수 있
는 세상'을 상상한다면 그 이유가 뭘까요? 우선은 법이 세상 속에
서 강자의 편만 들어주는 것이라는 불신 때문일 겁니다. 하지만

 주니어 대학

우리들 자신이 모두 법 없이도 살 수 있을 만큼 선량한 사람이 아니어서 그저 지금 당장은 꿈을 꿀 뿐입니다.

　우리는 '단숨에 완벽하게'는 아니어도, 장 발장이 탄식했던 자베르의 법처럼 약자에게만 한없이 가혹한 그런 법은 조금씩 개선할 수 있을지 모릅니다. 아니, 꼭 그래야겠죠. 그러다 보면 먼 훗날, 우리가 상상만 했던 '법적 강제가 아닌 선한 마음으로 움직이는 이상적인 세상'에 어느덧 가까이 다가가 있을지도 모를 일입니다.

양을 훔친
아버지를

고발해야 하는가?

옛 중국의 한비자가 쓴 책에 법에 관한 아주 난처한 딜레마가 나옵니다. 그 사연은 이런 것입니다.

첫 번째 이야기: 궁(躬)이라는 초(楚)나라 사람이 있었습니다. 그런데 그의 아버지가 양을 훔치자 그것을 관리에게 고발했습니다. 하지만 재상은 오히려 그 아들을 "죽이라."고 했습니다. 군주에 대해서는 정직하지만 아버지에 대해서는 옳지 않다고 판단하여 벌을 줬다는 이야기입니다.

두 번째 이야기: 어떤 노(魯)나라 사람이 군주를 따라 전쟁터에 나갔는데 세 번 싸워 세 번 모두 도망쳤습니다. 공자가 그 이유를 물었습니다. 그러자 그는 "나에게 늙은 아버지가 있어 내가 죽으면

주니어 대학

봉양하지 못한다.”라고 대답했습니다. 공자는 그를 효자라고 생각해 위에 천거했다는 이야기입니다.

과연 어떻게 해야 할까요? 아버지라도 죄를 지으면 ‘법에 따라’ 가차 없이 관가에 고발해야 할까요? 이와는 상반된 입장을 택하고 싶나요? 그렇다면 아버지를 위해 ‘군법을 어기고’ 탈영한 것을 좋게 봐야 할까요? 여러분이 대답에 어려움을 느끼는 건 당연합니다. 한비자와 공자도 의견이 크게 달랐습니다.

한비자는 재상이 양을 훔친 아버지를 고발한 아들을 처벌하여 초나라 사람들은 간악을 알리지 않게 됐고, 공자가 도망친 병사에게 상을 줘 노나라 사람들은 쉽게 항복하고 달아나게 됐다고 비판했습니다. 하지만 공자의 생각은 달랐습니다. 공자는 ‘양 도둑 사건’과 관련해 아버지는 아들을 숨기고 아들은 아버지를 위해 숨길지라도 진실로 정직한 것이 그 가운데 있다고, 아버지를 고발한 아들을 비판했습니다.

현재 우리나라 법은 이 딜레마를 어떻게 해결했을까요? 우리나라는 근대 법치주의 이념에 토대하고 있으므로 기본적으로 한비자의 생각에 가깝습니다. 하지만 공자가 생각한 그 예외적 사정을 처음부터 법 규정에 넣음으로써 난처한 딜레마를 사전에 예방하고 있습니다.

우리 형법은 친족 또는 동거의 가족이 본인을 위하여 범인 은닉의 죄를 범한 때에는 처벌하지 아니한다고 규정하고 있습니다. 그리고 병역법은 현역병 입영 대상자지만 본인이 아니면 가족의 생계를 유지할 수 없는 사람은 원할 경우 제2국민역으로 처분할 수 있도록 하고 있습니다.

그런데 공자가 법을 뒤로 하고 다른 사정을 고려했던 진정한 뜻은 무엇이었을까요? 공자는 『논어』에서 "법령으로써 인도하고, 형벌로써 다스린다면, 백성은 법망을 뚫고 형벌을 피함을 수치로 여기지 않는다."라고 주장합니다. 그러나 "덕으로써 인도하고, 예로써 다스린다면 백성은 수치를 알아 바른 길로 나아갈 것이다."라고 기대합니다.

물론 공자의 예치와 한비자의 법치 주장을 지배 계급이 변화하고, 통치 영역이 넓어지는 당시의 시대 변화와 무관하게 생각할 수는 없습니다. 하지만 공자가 생각했던 이상 사회는 한번 돌이켜 생각해 볼 필요가 있습니다. 공자는 『논어』에서 "송사를 처리하는 힘은 나도 남만큼 있겠지만, 내가 바라는 것은 굳이 송사가 없어도 되는 상태이다."라고 말하기도 했습니다. 공자가 조금 잘난 척을 했나요? 하지만 하고 싶은 말은 뒷부분일 겁니다.

우리는 지금도 주위에서 혹은 뉴스에서 '법만 피하면 된다.'는 식으로 생각하는 사람들을 흔히 봅니다. 이런 생각이 만연하는 세상은 결코 법이 추구하는 세상도 아닐 것이고, 이상적인 세상도

 주니어 대학

한비자
이상만
가지고는
안 된다니까요!
공자님
뜻이 맞습니다.
공자
예수님
뜻도 그러하지요,
예수

아닐 겁니다. 공자는 바로 우리가 추구해야 하는 이상을 잊지 말자고 주장했던 겁니다. 말하자면 공자는 우리 모두 '법 없이도 살 사람'이 됐으면 했던 겁니다.

법 없는 세상을 꿈꾼 사람은 또 있습니다. 성경이 전하는 예수의 생각도 그랬습니다. 성경은 예수가 죄지은 여인에게 자신도 죄를 묻지 아니할 것이니 돌아가 다시는 죄를 짓지 말라고 했다는 에피소드를 전합니다. 예수는 죄를 지은 만큼 벌을 주고 그것으로 모든 것이 해결됐다고 생각하는 세상을 꿈꾸지 않았습니다. 죄에 상응하는 벌을 주는 것이 핵심이 아니라 스스로의 반성과 회개가 궁극적 목표였죠. 실제로 모든 사람이 그렇게 한다면 그런 세상이 바로 '법 없는 세상'일 겁니다.

역사 속에서 실패했지만, 공산주의적 평등 세상을 꿈꿨던 마르크스도 법 없는 세상을 꿈꿨습니다. 평등한 세상이 실현되면 남의 재물을 탐해서 일어나는 범죄도 없겠죠. 그래서 혹 범죄를 저질렀다 해도 그런 세상에서는 처벌이 '그 자신에게 언도하는 판결에 지나지 않을 것'이라고 주장했던 것입니다.

분명히 '법 없는 세상'은 지금으로서는 그저 꿈일 뿐입니다. 법치주의가 우리의 현실입니다. 하지만 꿈 없는 현실도 비현실적이라고 말할 수 있을 겁니다. 그러니 꿈을 꾸며 현실을 살아가야겠죠. 법 없는 세상을 꿈꾸며 법치주의를 실현해 가는 건 어떤가요?

'염소를 위한 법'으로
사람을 구한

착잡한 이야기

「터미널」이란 영화가 있습니다. 어떤 사람이 신문에 난 재즈 연주자 57명의 사인을 모두 얻고 싶었습니다. 그는 40년 동안 뉴욕 재즈 클럽에 수백 통의 편지를 쓰며 어렵사리 사인을 모았습니다. 하지만 안타깝게도 마지막 한 사람의 사인을 얻지 못하고 죽습니다. 그래서 그의 아들이 아버지의 간절한 소원을 풀어 주기 위해 뉴욕으로 오게 됩니다. 그는 가상의 국가 크라코지아 사람인 빅터 나보스키입니다.

하지만 나보스키는 입국 심사대에서 미국 입국이 거절됩니다. 그의 조국 크라코지아에 쿠데타가 일어나고 새 정부가 구 정부 여권의 효력을 모두 정지시켰기 때문이죠. 그는 국적 불명 신세가 돼

JFK 공항 환승 라운지에 기약 없이 머무르는 신세가 됩니다. 그렇게 나보스키가 공항 환승 라운지에서 살아가는데, 한 사건이 발생합니다.

출입국 관리소 직원이 한 러시아 인으로부터 처방전 없는 약을 압수하려고 합니다. 그 러시아 인은 목에 칼을 대고 자해 난동을 부립니다. 나보스키가 통역으로 동원됩니다. 사정을 들어 보니, 그 러시아 인은 위독한 아버지를 위해 캐나다에서 약을 구입해 미국

을 거쳐 귀환하던 중이었습니다. 그는 아무도 자신에게 처방전 얘기를 안 해 줬다고 사정을 설명합니다. 하지만 공항 출입국 관리소장 프랭크 딕슨은 어쨌든 미국에 착륙한 이상 약품 구입 허가서가 필요하다고 단호하게 말합니다. 그 러시아 인은 무릎까지 꿇고 애원해 보지만 소용없습니다. 딕슨은 약품을 압수하고 그를 비행기에 태워 보내라고 가차 없이 지시합니다.

나보스키는 러시아 인이 절망하며 복도로 끌려가는 뒷모습을

봅니다. 그때 나보스키의 입에서 중얼거리듯 "염소!"라는 소리가 나옵니다. 그 소리에 누구보다도 딕슨이 놀라 걸어가던 발걸음을 멈춥니다. 왜 놀랐을까요? 공항 규정상 동물용 약품은 구입 허가증이 필요 없었기 때문이죠. 공항에서 살던 나보스키가 전에 읽었던 입국 서류 내용을 기억하고 꾀를 낸 것입니다. 나보스키는 러시아 인이 염소 약이라고 했는데 자신이 발음을 착각해 통역을 잘못했다고 우기기 시작합니다.

딕슨은 나보스키의 꼼수를 눈치챘습니다. 하지만 규정을 중시하는 그는 어쩔 수 없이 그 러시아 인의 입을 통해 사실을 직접 확인하는 수밖에 없었습니다. 딕슨이 화가 난 듯 "누가 복용할 약이냐?"라고 묻자 나보스키가 통역하며 힌트를 줍니다. 그러자 러시아 인이 천천히 머뭇거리며 "염소"라고 대답합니다. 사정을 확실히 눈치챈 러시아 인의 "염소" 소리는 울먹이며 점점 커져 갑니다. 그에 비례해 화가 난 딕슨의 얼굴이 점점 일그러집니다. 하지만 딕슨은 화를 참으며 어쩔 수 없이 약을 돌려주라고 말합니다.

러시아 인은 감격하며 나보스키의 이마에 키스로 감사를 표한 뒤 약을 돌려받고 돌아갑니다. 그런 그의 모습을 보며 나보스키는 딕슨이 듣거나 말거나 뿌듯해하며 말합니다. "그 염소를 무척 사랑하나 보네요."

누구라도 이런 촌철살인의 풍자에 가슴을 찔리면 마음이 아플

주니어 대학

것입니다. 그래서 닉슨은 "지금 무슨 게임하는 줄 알아?"라고 소리치며 분통을 터트립니다. 우리는 법을 알아 갈수록 아주 조심해야 합니다. 어쩌면 모든 법조인들은 법에 익숙해지면 익숙해질수록 그런 '게임'에 더 익숙해질 수밖에 없는 숙명일지도 모릅니다. 만약 질 것 같은 소송에 이겨서 죽어 가는 아버지를 살릴 수도 있고, 반드시 이겨야 할 소송에 져서 살릴 수 있는 아버지를 죽게 할 수도 있다면 법을 '게임'으로 착각할 수도 있을 겁니다.

아무리 그렇더라도 우리는 법은 게임이 아니라 인간을 위한 규범이라는 사실을 한순간도 잊어서는 안 될 겁니다. 인간을 위한 법을 만들어야 하고, 인간을 위해 법을 집행해야 하고, 인간의 눈으로 법을 판단해야 할 것입니다.

2부

거장들의
법 이야기

존 로크 :

법은 어디에서

왔는가?

로크옹
뜬구름
잡는 소리~
인간은 모두
평등하고
자유롭다고요!

국가 이전의

세상
상상하기

　　1776년 7월 4일, 미국은 영국으로부터 독립을 선언했습니다. 미국의 독립을 선언한 역사적 문건이 바로 독립선언서입니다. 우리의 1919년 3월 1일의 독립선언서와 비슷한 성격의 문건입니다. 우리에게도 그렇지만 미국인에게도 독립선언서는 아주 중요한 역사적 문건입니다. 미국인들은 이 독립선언서를 국립 문서 기록 관리청에 소중히 보존하고 있습니다. 원본의 글씨는 알아보기 힘들 정도로 희미해졌지만 그 정신만은 뚜렷하게 미국인의 삶을 지도하고 있습니다.

　　이 독립선언서는 미국의 제3대 대통령이 된 토머스 제퍼슨이 기초했습니다. 이 문건에는 입헌 역사 최초로 '자연법'이라는 용어가

등장하는데, 이는 아주 중요한 사건입니다. 물론 자연법이라는 말이 그때 최초로 역사 속에 등장했던 것은 아닙니다. 하지만 그때까지 이론적으로만 주장된 자연법 개념이 실제로 역사를 바꾼 사건의 논리적 기초로 선언됐다는 의미에서 중요한 것입니다.

그런데 여기서 잠깐, 자연법의 개념보다 더 중요한 것이 있습니다. 우리들은 태어날 때부터 이미 존재하는 국가 안에서 태어났습니다. 그래서 국가가 우리 앞에 왜 존재하는지, 어떻게 존재하게 됐는지 하는 상상은 잘 하지 않습니다. 그저 당연하게만 생각하기 때문이죠. 하지만 결코 당연하지 않습니다. 그것이 당연하지 않다는 것을 실감하기 위해 여러분의 상상력이 조금 필요합니다.

여러분이 국가가 없는 곳에서 태어났다는 상상을 한번 해 보기 바랍니다. 사람들은 많은데 국가가 없습니다. 그래서 여러분이 사람들을 조직해 국가를 만들려고 합니다. 그렇게 회의가 시작됐는데 어떤 사람이 일어나 진지하게 묻습니다. "국가가 왜 필요합니까? 난 그냥 이대로가 좋은데요." 그러자 다른 사람이 일어나 반대합니다. "난 국가가 없으니 날마다 불안합니다. 어떤 나쁜 사람이 내 생명, 자유, 재산을 위협할지 몰라 맘 편히 잠을 잘 수가 없습니다. 그러니 누군가를 뽑아 우리들의 권리를 대신 지켜 주도록 국가를 조직해야 합니다." 자, 여러분의 생각은 어떤가요?

앞에서 말한 독립선언서는 바로 이 회의의 결론을 정리해 온 천

우리 함께 '국가'를 만듭시다!
'국가'요? 그딴 거 필요 없어요!
자자, 지금부터 그걸 토론해 보자고요-
토머스 제퍼슨

하에 선포한 것입니다. 독립선언서는 모든 사람은 평등하게 태어났고, 조물주에게서 생명, 자유, 행복의 추구라는 권리 등을 부여받았으며, 이런 권리를 확보하기 위해 정부가 조직됐는데, 정부의 정당한 권력은 피통치자의 동의에서 유래한다고 공표합니다. 한마디로 정부 권력은 '사회계약'의 산물이라는 것이죠. 혹 당연한 말처럼 생각되나요? 하지만 근대 이전의 사고로는 절대 당연한 말이 아니었습니다.

근대 이선, 봉긴 시대나 절대 왕권 시대에는 정치권력, 즉 왕권은 사회계약의 산물이 아니라 신이 부여한 것이라고 주장됐습니다. 이른바 '왕권신수설'이죠. 따라서 국민들은 자신들의 정당한 권리를 주장할 수 있다고 생각하지 못했습니다. 그저 왕권의 은혜로운 지배를 기대할 뿐이었죠.

그런데 이런 생각에 반기를 든 사람들이 등장하기 시작했던 것입니다. 존 로크는 그중 탁월한 대표자였습니다. 그리고 마침내 토머스 제퍼슨이 존 로크의 이런 생각을 받들어 독립선언서에 그대로 표현했던 것입니다. 그러니 미국 사람들이 독립선언서를 아주 소중하게 보관하고 있는 것이겠죠. 물론 중요한 것은 독립선언서라는 종이 자체보다는 그 정신일 겁니다. 종이만 소중하게 보관하고 그 정신을 내팽개쳐 버리면 정말 이상한 일이겠죠.

여러분도 국가 이전의 세상을 한번 자유롭게 상상해 보기 바랍니다. 분명히 의미 있는 일이 될 겁니다. 우리나라는 왜, 그리고 어떻게 탄생했을까요? 만약 여러분이 국가를 만들기 위해 모였다면 다른 사람들에게 뭐라고 말하고 싶나요?

산토끼는

누구의
것일까?

존 로크는 1632년 영국의 젠트리 집안에서 태어났습니다. 그는 정치적으로 대단히 불안정한 시기에 청소년기를 보냈습니다. 10세 무렵인 1642년에 국왕파와 의회파 사이에 내전이 발생합니다. 로크의 아버지는 청교도 세력이 주축인 의회파의 군대에 복무합니다. 이런 집안 배경은 로크의 사상 형성에 많은 영향을 주었을 것으로 짐작됩니다.

로크가 17세이던 1649년, 의회파를 승리로 이끈 크롬웰은 찰스 1세를 처형합니다. 청교도 혁명으로도 불리는 이 내전은 종교 전쟁의 성격도 띠고 있는데, 로크는 나중에 종교적 관용을 주장하는 『관용에 관한 편지』라는 저술을 남기기도 합니다.

로크는 옥스퍼드 대학에서 학창 시절을 보내고, 튜터(개인 교수)로 활동합니다. 그는 자연 과학과 의학 연구에 관심을 기울였습니다. 로크는 개업 의사가 되는데, 나중에 대법관이 되기도 하는 정치인 섀프츠베리를 만나 정치적 부침을 함께합니다. 섀프츠베리는 찰스 2세와 대립하다 반역죄로 몰려 네덜란드로 피신합니다. 그 후유증으로 로크도 네덜란드에 피신해 있다가 1688년 명예혁명 성공 이후 영국으로 돌아옵니다.

로크는 1690년(실제 판매는 1689년)에 『통치론』을 출간합니다. 그는 이 논문에서 지금 우리의 관심인 자연법론과 사회계약론을 체계적으로 펼칩니다. 그의 주장을 좀 더 자세히 들어 보기로 하죠.

로크는 우리가 살고 있는 정치 사회(국가) 이전의 상태를 상상합니다. 그는 이것을 '자연상태'라고 부릅니다. 우리를 지배하는 어떤 권력도 없고, 그저 각자가 각자의 삶을 자연적으로 영위하는 상태입니다. 상상이 되나요? 물론 상상하기에 따라서는 이 상태를 매우 어지럽게 폭력이 난무하는 상태라고 주장할 수도 있습니다. 하지만 로크는 이 자연상태를 이성적이고 평화로운 상태라고 봤습니다.

로크는 이 자연상태의 세상을 애초에 신이 우리에게 공유물로 준 것이라고 주장했습니다. 말하자면 산에 있는 도토리나 사과, 사슴이나 산토끼 등 모든 것은 신이 우리의 생활 편의를 위해 네 것, 내 것이 없는 공유물로 주었다는 것이죠.

그런데 우리는 삶을 영위하기 위해 그것들을 이용합니다. 어떻게 이용하나요? 도토리나 사과는 줍거나 나무에서 따야 합니다. 그리고 사슴이나 산토끼는 사냥을 해서 잡아야 합니다. 즉 우리들은 그것들을 얻기 위해 노동을 합니다. 로크는 이렇게 노동을 해서 얻은 것은 이제 각자의 것이 된다고 주장한 것이죠. 즉 신은 애초에 산토끼를 우리에게 공유물로 주었지만 우리가 삶을 위해 노동을 해서 내 것으로 만든다는 겁니다.

로크는 이런 세상을 이성의 법인 '자연법'이 지배하는 자연상태라고 주장했습니다. 그런데 이 상태의 평화는 아무래도 불완전합니다. 그래서 각자의 생명, 자유, 재산을 보호하기 위해 모두의 동의를 얻어 정치 사회(국가)를 만들게 됐다는 것입니다. 이것은 한마디로 자연상태를 벗어나 사회를 만드는 계약이죠. 그래서 우리는 그의 이런 주장을 '사회계약론'이라고 부릅니다.

이후, 존 로크의 이런 혁명적 생각은 세계 각국의 자본주의적 민주주의 혁명에 기여합니다. 우리 헌법에도 그의 자연법론이 반영돼 있습니다. 우리 헌법은 "국가는 개인이 가지는 불가침의 기본적 인권을 확인하고 이를 보장할 의무를 진다."라고 규정합니다. 기본권을 국가가 만든 것이 아니라 국가 이전에 이미 우리가 가지고 있는 자연권을 기본권으로 확인한 것일 뿐이라는 의미죠. 또

 주니어 대학

Z
月

그니까 이게
말씀하신
'자연상태'지요?

저
똑똑
하져!

음… 그, 그래요.
빨리 '사회계약'을
했으면
좋겠구먼…

헌법은 "국민의 자유와 권리는 헌법에 열거되지 아니한 이유로 경시되지 아니한다."라고 규정합니다. 이 역시 기본권은 국가 이전에 자연권으로 이미 존재하고 있다는 생각의 결과입니다.

어떤가요? 존 로크의 생각만이 절대적 진리는 아닙니다. 혹자는 자연상태나 자연권이라는 개념은 그저 중세적 주장을 벗어나 자본주의 국가의 탄생을 정당화하기 위한 상상일 뿐이라는 비판도 할 수 있을 겁니다. 하지만 그가 세계 근대사에 끼친 영향이 대단하다는 것은 결코 부정할 수 없겠습니다.

국가가

건망증에
빠진다면?

우리는 가끔 텔레비전 뉴스에서 대규모의 군중들이 국가에 항의하는 시위를 봅니다. 때로는 그 시위가 격렬해져 많은 사람들이 다치거나 심지어 죽기도 합니다. 그리고 그 결과 정부가 무너지고 새로운 정부가 들어서기도 합니다. 여러분은 그런 장면을 보며 무슨 생각을 하나요?

우리나라도 예외가 아니었습니다. 여러분이 맘 놓고 얘기하고, 공부하며, 자신의 밝은 미래를 꿈꿀 수 있는 민주주의 국가를 만든 것이 그리 오랜 옛날 일이 아닙니다. 물론 지금도 우리가 완벽한 민주주의를 완성했다고 말할 수는 없겠습니다. 하지만 어쨌든 지금이 과거 무자비한 독재 시절보다 좋은 환경인 것만은 분명합니다.

우리가 반드시 기억할 일은 이런 민주주의 환경이 그저 하늘에서 선물처럼 뚝 떨어진 것은 아니라는 사실입니다. 우리의 민주주의도 다른 나라의 그것처럼 많은 사람들의 희생을 딛고 쌓은 피눈물의 산물입니다. 그러니 그 희생을 기억하고, 민주주의 정신을 소중하게 발전시켜 나가야겠죠.

여기서 문제는 그 논리입니다. 민주주의를 지키기 위한 논리라는 것이 얼핏 아무것도 아닌 것 같지만 그렇지 않습니다. 논리가 서 있지 않으면 할 말을 잃게 되고, 할 말을 잃으면 당연한 우리의 권리도 허무하게 빼앗길지 모릅니다. 여러분은 그런 황당한 기억 없나요? 분명히 내가 잘못한 게 없는 것 같은데 조리 있게 말을 못해 상대의 잘못을 오히려 뒤집어쓴 기억 말입니다.

이런 일을 한번 상상해 보기 바랍니다. 우리는 나랏일을 맡은 정부가 당연히 좋은 일을 할 것이라는 전제하에 국가에 충성을 다짐합니다. 정부에 세금을 성실하게 납부하고, 병역 의무를 이행하기 위해 젊은 날을 바치기도 합니다. 물론 이런저런 의무뿐만 아니라 적극적으로 애국심을 발휘하는 경우도 많습니다.

그런데 나랏일을 맡은 정부가 혹 우리 국민들에게 터무니없는 해를 끼치기 시작하면 어떻게 해야 할까요? 그런 일이 절대로 없어야겠지만 현실에서 얼마든지 일어날 수 있는 일입니다. 역사 속

역사가
나를
만들었다!

국가를
위해
희생하라!

권력자

뭐
ㄲ가먹은거
업스수?

독재 정부가 했던 만행이 바로 그런 짓이었죠. 자, 정부가 잘못하는 일이 벌어지면 어떻게 해야 할까요? 누구든지 정부를 장악해 권력을 행사하면 어떤 잘못된 행위를 해도 괜찮은 것일까요? 여러분의 대답은 당연히 '그렇지 않다'일 겁니다. 하지만 로크 이전의 생각으로는 그게 그렇게 당연한 대답은 아니었습니다.

만약 통치자의 권력을 우리의 필요에 의해 우리가 만들어 준 것이 아니라 신의 필요에 의해 신이 내려 준 것이라고 생각한다면 우리가 그 권력을 빼앗는 것이 기능할까요? 그런 경우, 그 통치자는 권력은 신이 주었으니 빼앗는 것도 오직 신만이 할 수 있다고 주장할 겁니다. 물론 그가 뭐라 말하든 옛날부터 폭정이 지나치면 백성들은 봉기하여 폭군의 권력을 빼앗기도 했죠. 하지만 그 봉기를 논리적으로는 어떻게 설명해야 할까요? 바로 로크가 그 논리를 체계화했습니다.

로크는 통치자의 권력을 신의 필요에 의해 신이 내려 준 것이 아니라, 우리의 필요에 의해 우리가 만들어 준 것이라고 전제했습니다. 신은 단지 이 세상을 공유물로 주고, 우리에게는 그것을 편리하게 이용할 수 있는 이성을 줬다는 것이죠. 그래서 우리는 우리의 생명, 자유, 재산을 지키기 위해 사회계약을 맺어 통치자에게 권력을 맡겼다는 겁니다. 그러니 만약 통치자가 건망증에 빠져 우리의 생명, 자유, 재산을 위협하면 맡겨 놓은 권력을 다시 빼앗을

　　　주니어 대학

수 있다고 주장했죠. 이것이 이른바 '저항권'의 논리입니다.

어떤가요? 로크는 우리가 지금 누리고 있는 자유와 권리의 고전적 논리를 체계화했습니다. 그의 자연법 논리가 모든 역사적 사실을 설명하지는 못하지만 근대 역사의 발전에 큰 족적을 남긴 것은 분명하다고 할 수 있을 겁니다.

몽테스키외:

권력을 나눠 가지면

어떨까?

왜케
왕왕 거려요?
인민의
시민적 자유와,
귀족, 승려의
특권과 국왕의
권력이 조화
되어야 해요.
(어익 숨차)
왕 왕

당연한 것이

당연하게
되기까지

1789년 8월 26일, 프랑스의 국민의회는 '인간과 시민의 권리 선언'을 채택합니다. 이 선언은 7월 14일부터 시작된 프랑스 대혁명의 결과물이었습니다. 이후에도 대혁명은 수많은 우여곡절을 거칩니다. 그리고 세계사적으로 근대 자본주의 정치 체제를 확립하는 데 결정적인 영향을 끼칩니다.

이 '인간과 시민의 권리 선언'은 "권리의 보장이 확보되지 않고, 권력의 분립이 확정되지 않은 모든 사회는 결코 헌법을 가진 것이 아니다."라고 표명합니다. 이 권력분립이라는 생각은 로크에게서 그 실마리를 찾을 수 있지만 몽테스키외가 결정적으로 체계를 세운 것입니다.

오늘날 여러분은 권력분립이라는 용어를 많이 들었을 겁니다. 그래서 이 제도가 역사 속에서 공기처럼 당연하게 존재한 것이라고 생각할지도 모릅니다. 하지만 당연한 것이 당연하게 되기까지 많은 역사적 사연을 겪었습니다. 더군다나 일반적인 이해에는 약간의 오해도 있습니다. 그러니 조금 자세히 살펴볼 필요가 있겠습니다.

어떤 학교에 축구팀이 있습니다. 그 축구팀엔 당연히 코치와 선수들이 있습니다. 코치는 선수들의 재능에 따라 공격수와 미드필더, 수비수로 그들의 역할을 분담했습니다. 그리고 선수들은 묵묵히 자신들에게 맡겨진 역할을 잘 수행했습니다. 자, 이 경우 축구팀의 권력분립이 잘 이뤄진 것일까요? 아닙니다. 코치는 훈련 시 모든 감독과 관리를 하고, 경기 출전 선수를 임의로 선발하고, 경

기 중 언제라도 선수를 교체하며, 전술과 승패에 대해서도 선수들에게는 책임을 지지 않습니다. 이는 권력분립은 없고 단순히 기능분리만 있는 상태입니다.

몽테스키외는 문자 그대로 권력분립을 말했습니다. 예컨대 축구팀의 규칙을 선수들이 정하고 코치는 그 규칙대로만 팀을 운영한다든가, 또는 코치는 팀의 운영에 관해 전권을 행사하지만 그의 거취를 선수들이 결정한다면 팀의 권력이 분립됐다고 할 수 있습니다. 여기에 규칙에 대한 해석과 판단은 따로 학교와 학부모 대표들에게 맡길 수도 있습니다. 이렇게 하면 코치, 선수단, 학교와 학부모 상호 간에 견제와 균형이 이뤄질 수 있겠죠. 이것이 몽테스키외의 생각입니다. 즉 그는 기능분리를 토대로 권력분립을 이루자는 제안을 했던 것이죠.

그런데 권력을 나눠 갖자는 주장에 뭔가 의문은 없나요? 의문은 이론적으로, 그리고 현실적으로도 충분히 생길 수 있습니다. 이론적인 차원에서 여러 사람이 아닌 한 사람이 권력을 갖고 철학자처럼 훌륭하게 통치하는 것이 더 효율적이지 않은가 하는 의문이 생길 수 있습니다. 그리고 현실적인 차원에서 절대 군주주의 시대에 권력을 독점하던 사람들을 뇌두고 몽테스키외는 왜 느닷없이 권력을 나눠 갖자는 제안을 했을까 하는 의문이 생길 수 있습니다. 과연 몽테스키외는 이런 의문에 어떤 답을 했을까요?

 주니어 대학

우리에겐 몽테스키외가 권력분립을 주장했다는 단순한 역사적 사실보다 더 깊이 생각해 봐야 할 문제가 있습니다. 그건 권력분립을 주장한 이유입니다. 아울러 지금 우리가 당연하게 생각하는 권력분립이라는 제도가 이렇게 당연하게 생각되기까지 어떻게 발전해 왔는지 살펴보는 것도 반드시 필요합니다. 그래야만 우리는 세상을 보는 통찰력을 기를 수 있습니다.

세상의 법을
비교해 보면

뭐가 보일까?

몽테스키외는 1689년 프랑스에서 태어났습니다. 그는 공부를 마치고, 1716년에는 백부로부터 작위와 권리를 계승합니다. 그리고 보르도 고등법원에 참여한 뒤, 고등법원장이 됩니다. 하지만 그는 이 관직에서 물러나 유럽 각국을 여행하면서 자료를 모으고 연구에 몰두합니다. 그는 이렇게 20여 년 이상을 연구하여, 1748년 제네바에서 그의 주요 저서인 『법의 정신』을 드디어 출간합니다.

몽테스키외는 자연법론자가 아니었습니다. 그는 법을 '사물의 본성에서 생기는 필연적 관계'로 이해했습니다. '필연적 관계'라는 말은 이해하기가 상당히 어렵습니다. 쉽게 말하자면 인간관계 속에서 법이 만들어지는 원인을 살펴보면 반드시 그만한 이유가 있다는 의미쯤으로 해석됩니다.

우리가 몽테스키외의 '필연적 관계'라는 말을 특별하게 생각해야 하는 이유는 그의 법을 보는 관점이 그때까지의 자연법론자들과는 완전히 다르기 때문입니다. 자연법론자들은 법이 만들어지는 현실적 원인을 찾기보다는 어떤 법이 만들어져야 하는지를 상상적 논리 속에서 주장하는 데 몰두했습니다. 그들은 새로 만들 근대 자본주의 법체계의 정당성을 찾아야 했기 때문이죠. 반면 몽테스키외는 실제로 존재하는 법체계가 어떤 관계 속에서 발생하는가를 규명하는 데 연구의 초점을 맞췄습니다. 그는 자연법론자들과 달리 왜 그랬을까요?

우리가 몽테스키외를 잘 이해하기 위해서는 그가 어떤 시대를 살았는지를 잘 알아야 합니다. 1688년, 영국에서는 입헌 군주국의 토대가 마련되는 명예혁명이 있었습니다. 그리고 1789년, 프랑스에서는 대혁명이 발생합니다. 이 1688년과 1789년 사이, 즉 명예혁명은 이미 일어났고 프랑스 대혁명은 아직 일어나지 않은 시기에 몽테스키외(1689년~1755년)가 있었습니다. 몽테스키외를 이해하는 데 이 점은 아주 중요합니다. 왜냐하면 몽테스키외는 자본주의 체제를 확립해 가는 이 혁명과 혁명 사이의 '고민'을 상징하는 인물이기 때문이죠. 과연 그의 고민의 정체는 무엇이었을까요?

1688년 영국 명예혁명
1789년 프랑스 대혁명
혁명과 혁명 사이, 나는 무엇을 생각할까?

혁명과 혁명 사이에 존재하는 고민이 무엇인지 그 실체가 잘 떠오르지 않는다면 우리의 가까운 역사를 돌이켜 봐도 좋겠습니다. 러시아에서 공산주의 혁명이 성공한 1917년부터 그 혁명의 실패를 확인했던 1991년까지 우리가 경험했던 이념적 긴장과 대립은 상상을 초월한 것이었습니다. 혁명이 발발하지 않은 나라의 국민들은 이웃 나라를 휩쓴 혁명의 기운 속에서 한편에서는 공포를, 그 맞은편에서는 희망을 느끼며 긴장과 대립의 시간을 보냈습니다. 더군다나 러시아의 혁명은 역사 속에서 힘을 잃고 실패로 끝났지만 영국의 혁명은 실패하기는커녕 시간이 흐를수록 힘을 더해 갈 역사의 대세였습니다.

당시를 살았던 사람들, 그중에서도 이웃 나라의 혁명에 가장 민감하게 반응할 수밖에 없는 이념적 주도층의 머릿속에는 당연히 이런 생각들로 가득 차 있었을 것입니다. "과연 이 혁명의 미래는 무엇일까? 이 혁명은 과연 우리에게도 밀어닥칠 것인가? 온다면 언제 올 것인가? 나와 나의 계급은 이 혁명으로 무엇을 얻을 것인가 혹은 잃을 것인가? 그러므로 이 혁명을 지지할 것인가 반대할 것인가? 혹 피 흘리는 혁명 없이 타협할 방법은 없을까?" 결론부터 말한다면 이웃 나라 영국의 혁명에 노심초사했던 프랑스의 몽테스키외는 그 탈출구를 가장 마지막 질문과 그 대답에서 찾았습니다.

몽테스키외가 자연법론자들과는 달리 연구의 초점을 법의 '정당성'이 아닌 '사실관계'에 맞춘 이유는 당시 계급 간에 실제적인 타협이 필요하다고 봤기 때문입니다. 그는 결론적으로 '인민의 시민적 자유와, 귀족 및 승려의 특권과, 국왕의 권력이 훌륭한 조화'를 이루는 권력분립의 정치 체제를 주장했습니다. 계급 간에 권력을 나눠 가짐으로써 정치적 견제와 균형을 달성하자는 것이었죠.

계급 간 권력분립에 관한 몽테스키외의 제안은 프랑스 대혁명 이후 직접적인 의미는 잃었습니다. 오늘날 우리의 정치 현실은 그때와는 사뭇 다르기 때문이죠. 하지만 몽테스키외가 제안했던 권력분립론의 취지는 근대 민주주의가 지향하는 법의 정신으로 견고하게 남았습니다. 그러니 그것은 그의 역사적 업적이라고 평가할 수 있을 겁니다.

주니어 대학

권력자를

믿을 수
있을까?

몽테스키외의 권력분립 원리는 이후 미국의 헌법 제정 과정에서 강력한 영향을 끼칩니다. 물론 대통령제를 기반으로 하는 우리나라 헌법 체계에서도 그의 권력분립 원리는 당연히 기초를 이룹니다. 우리 헌법은 "입법권은 국회에 속한다.", "행정권은 대통령을 수반으로 하는 정부에 속한다.", "사법권은 법관으로 구성된 법원에 속한다."라고 규정하고 있습니다. 오늘날에는 이런 권력분립 원리 없는 민주주의 헌법은 상상하기조차 힘들 정도입니다.

다만 몽테스키외의 권력분립 원리는 지금은 조금 변화된 형태로 구현될 수밖에 없습니다. 당시 시대적 조건에 비추어 볼 때, 몽테스키외는 행정부, 입법부, 사법부를 분리하는 것으로 권력분립은 충분하다고 생각했을 겁니다. 기관만 분리해 놓으면 당연히 계급 간에 권력이 적절히 분리되어 견제와 균형이 실현될 수 있을 것이라고 생각했겠죠. 하지만 이제는 시대적 조건이 많이 변했습니다.

오늘날에는 행정부와 입법부를 동일한 정당이 지배할 수도 있으며, 대통령은 국회의 동의를 얻어 대법원장을 임명하기도 합니다. 말하자면 하나의 정당이 사실상 나라의 모는 국가 기관의 권력을 장악할 수도 있습니다. 그러니 행정부, 입법부, 사법부로 기관이 형식적으로 분리되기만 하면 당연히 그 권력이 내용적으로 분리되는 것이라고 마냥 안심할 수는 없습니다.

그래서 오늘날에는 단순히 기관의 분리에 안심하지 않고 여러 차원에서 권력분립 원리를 작동시키고 있습니다. 예컨대 권력분립 차원에서 볼 때 행정부와 입법부의 견제와 균형보다는 여당과 야당의 견제와 균형이 훨씬 더 중요할 수 있습니다. 국가의 권력을 지방 자치 단체가 견제할 수도 있습니다. 물론 시민 단체도 견제와 균형에 한몫합니다. 이렇게 오늘날에는 사회의 다양한 분야에서 성실하고 책임 있게 각 기능을 잘 수행하는 것으로 고전적 권력분립의 취지를 효과적으로 이루어 갈 수 있다는 생각이 지배적입니다.

'권력분립'이
왜 필요하냐고?
널 어떻게 믿어!
잘해
보자고!

그런데 곰곰이 생각하면 여전히 뭔가 조금 이상합니다. 왜 우리는 이렇게 권력의 견제와 균형을 강조할까요? 왜 모두 사람이 하는 일인데 사람끼리 서로 견제해야만 균형이 이뤄진다고 생각할까요? 혹시 사람들이 서로를 믿지 못하기 때문일까요? 그렇습니다. 슬프지만, 사람들이 서로 믿지 못해서 그런 겁니다.

만약 어떤 한 사람이 모든 권력을 장악해 나랏일을 해도 아무 문제도 일어나지 않는다고 생각한다면 권력분립은 당연히 번잡한 제도일 뿐입니다. 그리고 어떤 위대한 철학사가 권력을 잡아 모든 판단을 최선으로 할 수 있다면 권력분립은 또한 비효율적인 제도일 뿐이겠죠. 하지만 그런 사람이 그런 능력을 발휘하는 것을 논하는 것은 그저 상상일 뿐입니다. 설령 그런 사람이 있다 해도, 그런 특별한 사람을 전제로 통상적인 민주주의 제도를 논한다는 것 역시 비상식적입니다. 인류의 역사적 경험을 말하자면, 권력을 한 사람이 갖고 있을 때는 거의 대부분이 나쁜 독재의 유혹을 뿌리치지 못했습니다.

우리 시대의 민주주의는 몽테스키외의 권력분립 아이디어를 약간 변화된 형태로 구현하고 있지만, 그 취지는 변함없이 이어받고 있습니다. 사람들이 서로를 불신해 '견제와 균형'의 원리를 제도로까지 발전시킨 것은 분명히 슬픈 현실입니다. 하지만 역사적 경험상 아직은 어쩔 도리가 없습니다. 우리는 한 걸음 한 걸음 우리의 현실을 극복해 나가겠지만 현재의 민주주의는 어쩔 수 없이 이 슬픈 현실에 토대할 수밖에 없습니다. 아마 몽테스키외도 그것을 잘 알고 있었을 겁니다.

3부

법학은
법을 외우는
공부인가요?

법 공부에 대해 사람들이 가장 많이 하는 오해가 있습니다. 법을 공부하는 것은 곧 법조문을 외우는 것이라고 생각하는 겁니다. 과연 많은 법조문을 외우는 능력이 곧 훌륭한 법 전문가가 되는 것을 보장할까요? 결코 그렇지 않습니다.

법 공부란 법조문을 외우는 일이 아닙니다. 실제로 사법시험이나 변호사시험을 볼 때도 선택형 시험이 아닌 사례형 시험을 볼 때는 참고할 법전을 수험생들에게 나눠 줍니다. 그들이 이다음에 변호사나 검사, 판사가 된 뒤에도 법전은 언제나 그들 곁에 있습니다. 각종 참고 문헌에 파묻혀 연구하는 법학자들의 경우라면 더 말할 나위도 없겠죠. 법전은 필요할 경우 언제라도 참고하면 되는 겁니다.

그렇다면 법을 공부한다는 것은 무엇일까요? 법 공부란 법조문을 무조건 외우는 것이 아니라 우선 그 뜻을 잘 이해하는 겁니다. 그리고 그 법조문이 실제 법원의 판결에서 어떻게 해석됐는지를 잘 아는 것이 중요합니다. 물론 그 판례가 영원한 것은 아니니까 판례를 비판적으로 이해하는 것도 중요하겠죠.

법 공부가 법을 외우는 것이 아니라면 어떻게 법조인들은 법조문을 그렇게 많이 외우고 있을까요? 법을 열심히 공부하다 보니 굳이 일부러 외우려 하지 않았는데도 자연스럽게 외워졌다고 보는 게 맞을 겁니다. 여러분의 어머니들도 아마 많은 요리법을 외우고 있을 겁니다. 그걸 보고, 만약 여러분이 어머니에게 "요리 공부를 하는 것은 곧 많은 요리법을 외우는 것인가요?"라고 묻는다면 많이 당황하시겠죠?

법 공부란 곧 지루한 법조문을 끝없이 외우는 것이라고 생각한 학생이 있다면 지금부터라도 법을 새로운 관점으로 다시 한 번 바라보기 바랍니다.

법을
잘 이해하려면
어떻게 해야 하나요?

법을 잘 이해하려면 법의 특성을 잘 알아야 할 것입니다. 법은 '~이다'는 사실관계를 의미하는 명제가 아니라, '~해야 한다'는 강제규범을 의미합니다.

법이 이런 특성을 갖다 보니, 법 전문가들도 우리의 현실적 삶과는 무관하게 오직 '~해야 한다'는 강제규범 그 자체에만 관심을 기울이는 일이 허다합니다. 심할 경우, 우리의 현실적 삶과는 관계없이 좋은 법만 만들어 놓으면 우리의 현실적 삶이 그렇게 좋아질 것이라는 편리한 착각을 하는 경우도 발생합니다.

하지만 이상적인 법이 있다고 이상적인 세상이 이루어지지는 않습니다. 따라서 우리가 법을 잘 이해하려면 좋은 법을 만들어 놓아도 현실의 삶이 그렇게 좋아지지 않는 이유가 뭔지를 잘 알아야 합니다. 즉 법을 잘 이해하려면 현실을 잘 이해해야 합니다.

종종 많은 사람들이 법조인들에 대해 세상 물정은 모르고 오직 법조문밖에 모른다는 비판을 하기도 합니다. 실제로 법조인이 법조문밖에 모른다면 결코 좋은 법조인이 될 수 없을 겁니다. 법조인뿐만 아니라 법을 잘 이해하려는 사람이라면 누구나 법을 그렇게 만들어 가는 우리들 현실적 삶의 근원을 잘 이해해야 할 것입니다.

그와 함께, 법을 잘 이해하기 위해서는 법적 논리를 잘 이해해야 합니다. 법적 논리는 쉽게 말해 이치에 맞게 잘 따지는 능력입니다. 즉 여러분이 어떤 주장을 할 때 단순히 고집스럽게 우기는 것이 아니라 '왜 그렇다'는 것을 논리적으로 잘 설명하고 입증해 상대방을 납득시키는 능력이죠.

가끔 법원의 판결이 세상 사람들의 공감을 얻지 못하는 경우가 있습니다. 이는 법원의 판결이 세상 물정과 동떨어져 발생하는 경우일 수도 있겠지만, 다른 한편으로 사람들이 판결의 법적 논리를 이해하지 못해 공감하지 못하는 경우도 있습니다. 여러분이 법적 논리를 이해하면 법의 세계가 보다 많이 보일 겁니다.

주니어 대학

03

법조인이 되려면
어떻게
해야 하나요?

지금까지 우리나라에서 법조인이 되는 방법은 전통적으로 한 가지뿐이었습니다. 사법시험에 합격하는 것이었습니다. 이 시험은 2006년부터 법학 과목 35학점 이상을 이수해야만 응시 자격을 부여하고 있습니다. 하지만 과거에는 이런 제한도 없었죠. 그래서 누구라도 이 시험에만 합격하면 법조인이 될 수 있었습니다. 그런 경우 "개천에서 용 난다."라는 말이 딱 들어맞는 시험이기도 했습니다.

사법시험을 통과해 2년 과정의 사법연수원을 거치면 판사, 검사, 변호사가 될 수 있었습니다. 특별히 판사, 검사는 선호하는 사람들이 많았기 때문에 사법시험과 사법연수원 성적이 좋아야 했습니다.

그런데 이 사법시험은 2017년 이후 폐지(제1차 시험은 2016년까지만 실시)될 예정입니다. 법학 전문 대학원(일명 로스쿨)이라는 새로운 제도가 생겼기 때문이죠. 로스쿨은 미국식 법조인 양성 방법을 참고한 것입니다. 대학에서 법학 외의 기본 교양 교육과 각자 선택한 여러 가지 전공 교육을 충실히 받은 다음 더 넓은 안목으로 직업 교육을 받기 위해 대학원에 진학하는 제도입니다. 과거에는 각 대학에 법과 대학(법학과)이 설치돼 있었는데, 이제 로스쿨이 설치된 대학은 법학 전공 학과가 모두 폐지됐습니다. 따라서 학생들은 장래에 법학을 전공해 법조인이 되고 싶더라도 일단 대학

　　　　　주니어 대학

에서는 법학이 아닌 다른 전공을 택해야 합니다.

그런데 대학에선 어떤 전공을 택하는 것이 나중에 법조인으로 활동할 때 더 도움이 되느냐는 궁금증도 있겠습니다. 딱히 정해진 모범 답은 없습니다. 만약 형사법 전문 변호사가 목표라면 심리학, 특허 전문 변호사라면 이공계, 국제 거래 전문 변호사라면 영어 영문학이나 중어 중문학, 상사법 전문 변호사라면 경영학 등을 전공해도 좋을 겁니다. 나아가 법적 논리 능력 향상을 위해 철학을 전공해도 좋을 것이고, 인문학을 전공해도 상관없습니다. 모두 각자 하기 나름입니다.

이제 대학을 졸업하고 로스쿨을 입학하려면 어떻게 해야 할까요? 현재 전국적으로 25개 대학에 총 2,000명 정원의 로스쿨이 설치돼 있습니다. 각 대학의 로스쿨은 통상 법학 적성 시험(LEET) 성적, 어학 성적, 학부 성적, 면접, 서류 심사 등을 통해 학생을 선발하고 있습니다. 법학 적성 시험은 법률 지식을 묻는 것이 아니라 법학의 수학 능력과 법조인으로서의 소양과 적성을 측정하기 위해 언어 이해, 추리 논증, 논술 능력을 묻는 시험입니다. 그리고 어학 성적은 텝스(TEPS), 토익(TOEIC) 등의 공인 시험으로 대체됩니다. 로스쿨이 목표라면 대학 다닐 때부터 미리 계획을 세워 대비해야 할 것입니다.

만약 여러분이 로스쿨을 무사히 졸업한다면 변호사시험을 치르게 될 것입니다. 변호사시험은 5년 내에 5회 응시할 수 있지만, 합격률이 점점 낮아질 수 있으므로 열심히 공부해야 할 것입니다. 변호사시험에 합격하면 변호사로 일할 수 있을 뿐만 아니라 재판 연구원이나 검사로 임용될 수도 있습니다. 재판 연구원은 2년간 재판 지원 업무를 맡는데, 이 경력은 판사로 임용되는 데 유리하게 작용할 것입니다. 판사의 경우 앞으로 법조 일원화 제도가 시행되면 일정 경력 이상의 법조인만 판사로 임용될 것입니다.

나아가 여러분이 만약 대학이나 연구소에서 활동하는 법학자가 되고 싶다면 더 많은 공부가 추가로 필요합니다. 과거에는 우리나라의 경우 법학자와 법조인이 법학박사 학위와 사법시험이라는 별도의 길을 통해 배출됐습니다. 하지만 앞으로는 우리나라도 미국의 경우처럼 법학자가 되려면 일단 로스쿨을 졸업해 변호사 자격을 취득한 뒤, 따로 과정을 밟아 법학박사 학위를 받아야 할 것입니다. 물론 이런 '시험 합격'과 '학위 취득'이라는 자격을 갖추는 건 훌륭한 법조인이나 법학자가 되기 위한 시작에 불과한 일이겠죠?

04

변호사는
나쁜 사람도
변호해야 하나요?

어느 날, 변호사가 된 여러분 앞에 어릴 적 초등학교 동창 한 명이 찾아왔습니다. 사실 그는 친구랄 것도 없는 나쁜 친구였습니다. 그는 초등학교 때부터 날이면 날마다 다른 친구들을 괴롭히며 시간을 보냈습니다. 그 친구가 찾아온 이유는 자신이 저지른 아주 나쁜 행동 때문이었습니다. 그는 술을 마시고 거리를 지나가는 여성을 심하게 때려 혼수상태에 빠지게 하고, 돈까지 빼앗았다는 겁니다. 그는 굳이 자신의 행동을 부인하지도 않고, 반성은커녕 변명도 하지 않았습니다. 단지 변호를 맡아 달라는 것이었죠. 그런데 공교롭게도 착한 변호사인 여러분이 세상에서 가장 싫어하는 것 중 하나가 바로 힘없는 여성을 때리는 것과 자신의 잘못을 반성하지 않는 것이었습니다. 여러분은 이 친구를 변호하겠습니까?

아마 여러분 중에는 그런 나쁜 친구를 변호하기 싫다고 대답하는 사람도 꽤 있을 겁니다. 하지만 여러분은 변호해야만 합니다. 왜 변호사는 자신을 찾아왔다는 이유로 변호하기 싫은 나쁜 사람까지 변호해야 할까요?

우선 생활 중에 일어나는 일을 토대로 이런 상상을 한번 해 보는 것도 답을 찾는 데 도움이 될 것입니다. 여러분이 병원에 입원한 아버지를 위해 큰 가방에 이것저것 많은 물건을 담아 택시를 타려 합니다. 그런데 택시 기사 아저씨가 그 큰 가방을 한 번 보더니 승차를 거부하고 가 버립니다. 무척 부당하다는 생각이 들 겁니다. 만약 병원과 약국에서, 식당에서, 가게에서 환자나 손님을 가려서 맞이한다면 우리들의 삶은 어떻게 될까요?

만약 변호사가 된 여러분이 나쁜 의뢰인이라는 이유로 변호를 거부하고, 그 의뢰인이 다른 변호사를 찾아갔는데 모두 똑같이 문전 박대를 한다면 그는 어떻게 해야 할까요? 그렇게 변호사 없이 재판을 하다, 자신이 저지르지도 않은 일까지 뒤집어쓰는 억울한 일은 절대 발생하지 않을까요? 그렇게 자신에게 보장된 최소한의 권리조차 누리지 못하고 최악의 판결을 받는다면 그것이 과연 정의로운 일일까요? 우리 헌법이 아무리 나쁜 사람도 '변호받을 수 있는 권리'를 보장하고 있는 것은 바로 그런 이유 때문입니다.

05

검사와 변호사는 법정에서 왜 서로 다투나요?

여러분도 잘 알다시피 법정은 진실을 밝히고 정의를 실현하는 곳입니다. 그렇다면 변호사는 법정에서 피고인의 편을 들어주는 사람일까요, 아니면 진실을 밝히는 사람일까요? 우선은 피고인의 편을 들어주는 사람입니다. 만약 변호사가 진실을 밝히는 데만 집중한다면 피고인이 변호사를 믿고 말한 모든 사실을 검사에게 보고해야 할지도 모르겠습니다. 이렇게 되면 어떤 피고인도 변호사를 믿고 자신의 진실을 말할 수가 없겠죠. 그러면 당연히 변호사가 존재해야 할 이유도 없어지게 될 겁니다.

그렇다면 변호사는 피고인으로부터 어떤 이야기를 들어도 피고인의 이익만을 생각해 진실을 은폐해도 좋을까요? 그렇지는 않습니다. 피고인이 사람을 때리고, 물건을 훔쳤다는 것을 알고도 그를 무죄로 변호할 수는 없습니다. 변호사는 '진실을 은폐하거나 거짓 진술'을 해서는 안 됩니다. 변호사가 피고인을 위해 변호한다고 해서 진실을 밝히는 데 무관심한 사람은 결코 아닙니다. 즉 변호사는 피고인을 도와주는 사람이지만 진실을 은폐하면서까지 피고인을 무조건 도와주는 사람은 결코 아니란 의미죠.

검사와 변호사 모두는 법정에서 진실을 밝혀 정의를 실현하고자 합니다. 하지만 검사는 피고인에게 불리한 증거를 통해서, 그리고 변호사는 피고인에게 유리한 증거를 통해서 진실을 밝힙니다. 모순되는 상황처럼 보이지만 법의 의도는 바로 이 치열한 모순을 통해 진실에 접근하는 데 있습니다. 검사와 변호사가 법정에서 서로 다투며 맡은 바 직무를 충실히 할 때 진실이 더 명확히 밝혀질 수 있다는 생각이 이런 제도를 만든 것입니다.

06

판사는
악법으로도
재판해야
하나요?

법은 국회에서 국민의 대표인 국회의원들이 만듭니다. 그리고 법원에서 판사는 이 법과 양심에 따라 재판을 합니다. 그런데 만약 판사가 이 법 자체가 잘못 만들어졌다고 생각하는 경우는 어떻게 해야 할까요?

우리나라에서는 일반적인 법원 말고 법이 잘못됐는지를 판단하는 또 다른 헌법 기관이 존재합니다. 헌법재판소입니다.(나라에 따라서는 대법원이 이 판단을 하기도 합니다.) 그러므로 판사는 재판 중에 법이 잘못됐다고 생각하거나, 흔히 말하는 악법이라고 생각하면 재판을 중단하고 헌법재판소에 그 법의 위헌 여부에 대해 심판을 청구할 수 있습니다. 하지만 만약 헌법재판소에서 법이 헌법을 위반한 것이 아니라고 판단하면 판사는 자신의 생각과 다르더라도 이 결정에 따라 판결을 내려야 할 것입니다.

문제는 결국 헌법재판소 재판관들의 결정에 달려 있습니다. 국민들은 명백한 악법이라고 생각하는 법을 재판관들이 헌법에 부합하는 법이라고 결정하면 어떻게 될까요? 당분간 그 법은 유효할 것입니다. 하지만 국민들의 저항이 끊임없이 이어질 수밖에 없습니다. 그리고 오래지 않아 국민들의 뜻에 따르는 대통령과 국회의원들이 당선되겠지요. 그런데 대법원장 및 헌법재판소 재판관들은 국회의 동의를 얻어 대통령이 임명합니다. 따라서 그 자리도 국민들의 법적 정의관에 부합하는 인물들로 곧 채워질 수밖에 없을 겁니다. 그렇게 해서 국민들의 뜻을 거스르는 악법은 언젠가는 사라질 것입니다.

결국 헌법재판소 재판관들의 판단 근거인 헌법을 좋게 만들고, 그 헌법을 잘 운영하는 것은 모두 국민의 책임입니다. 법치주의가 잘못되면 소수의 정치가들만이 책임질 일이 결코 아닙니다. 그것이 민주주의를 토대로 한 법치주의의 운명입니다.

07

판결은
모두 복종해야
하나요?

재판은 사람들 사이의 분쟁을 평화적으로 그리고 최종적으로 해결하는 방법입니다. 우리의 법체계는 대법원을 포함하여 3심제로 운용되고 있습니다. 1심 재판의 판결을 받아들일 수 없으면 항소법원에 항소하고, 항소법원의 판결도 받아들일 수 없으면 대법원에 상고하게 됩니다. 하지만 대법원의 판결은 최종적입니다.

사실 대법원의 판결이라고 해서 언제나 완벽할 수는 없을 겁니다. 아주 드문 일이지만, 우리는 대법원의 상고까지 모두 끝난 사건을 다시 재심하는 것을 보기도 합니다. 확정판결에 문제가 있는 아주 특별한 경우라고 할 수 있죠. 그렇지만 일반적으로 말해, 재판의 판결이 최종적으로 확정되면 그것을 받아들일 수밖에 없습니다. 우리는 인간 사회의 재판 제도가 완벽하지 않다는 것을 알지만 영원히 재판을 계속할 수는 없는 일이니까요.

다만, 우리는 판결의 효력을 인정한다는 것과 판결의 논리에 동의한다는 것을 구별할 필요가 있습니다. 우리는 마음속으로 승복하지 못하더라도 판결의 효력을 받아들여야 하고, 또 받아들일 수밖에 없습니다. 만약 그렇게 하지 않으면 법치국가 체제는 존립할 수 없을 테니까요. 하지만 판결의 효력을 받아들이는 것이 아닌 판결의 논리에 동의하는 것은 강제로 되는 일이 아닙니다. 마음속으로부터 나오는 자발적인 동의가 필요합니다.

그런데 만약 법원의 판결이 국민들로부터 자발적인 동의를 얻지는 못한 채 강압적으로 그 효력만 보장한다면 어떻게 될까요? 그런 사태가 지속되면 우리의 법치주의는 겉보기와는 달리 아주 위태롭게 될 것입니다. 물론 모든 법조인들은 그것을 잘 알고 있을 겁니다. 그래서 훌륭한 판사일수록 재판 당사자들과 국민들이 마음속으로 동의할 수 있는 판결을 내리기 위해 최선을 다할 것입니다.

08

법학자는
무슨 일을
하나요?

법학자는 법을 연구하는 사람입니다. 그런데 법학자가 법을 연구하는 것이 어떤 의미가 있는 것일까요? 얼핏 법정 밖에서 법을 연구하는 것이 부질없는 것처럼 생각될 수도 있습니다. 모든 법적 문제는 궁극적으로 법정 안에서 법조인들에 의해 해결되기 때문이죠.

하지만 어떤 대상을 학자가 학문적으로 연구하는 것과 실무자가 현실적으로 다루는 것이 구별되는 것은 모든 영역에서 마찬가지입니다. 소설을 연구하는 것과 소설을 쓰는 것이 다르고, 경제를 연구하는 것과 경제 정책을 펴는 것이 다릅니다. 마찬가지로 컴퓨터를 연구하는 것과 직접 컴퓨터를 생산하는 것은 다를 수밖에 없겠죠.

법조인들은 개인의 주관을 앞세우기보다는 주어진 법에 비추어 사실관계를 객관적으로 판단하려고 노력합니다. 그들에겐 우선 사실관계의 판단이 중요합니다. 그다음에 법리적 판단을 하죠. 하지만 그 법리적 판단도 개인의 주관을 앞세운 논리가 아니라 거의 대법원의 기존 판례에 의존합니다.

법학자의 경우는 판결문의 논리를 연구해 비평하고 쉽게 풀이합니다. 하지만 그보다 더 주된 일이 있습니다. 법적 현상을 총체적으로 연구하는 것이죠. 법학자들은 법의 정당성이 무엇이고, 법이 어떻게 발생했고, 어떻게 적용되고 있으며, 다시 어떻게 변화해

    주니어 대학

가는지, 나아가 앞으로 어떤 법이 제정되어야 하는지까지 논문이
나 학술 저서를 통해 총체적으로 연구하고, '주장'합니다. 그러므
로 법학자는 자신의 주장을 펼치기 위한 철학적 관점이 무엇보다
중요합니다. 그래야만 훌륭한 '학설'을 펼칠 수가 있으니까요.

한마디로 모든 법조인은 공정한 재판을 통해 정의를 실현한 판
결문을 위해 노력하고, 모든 법학자는 논문이나 학술 저서를 통해
법에 관한 자신의 독창적인 학설을 주장하는 것입니다.

법이
힘없는 사람을 위해
좋은 일을
할 수 있나요?

"아무렴요, 그의 심장이죠. 차용증에 그렇게 적혀 있습니다."

윌리엄 셰익스피어의 『베니스의 상인』에 나오는 샤일록의 그 유명한 대사입니다. 베니스의 상인 안토니오는 샤일록으로부터 돈을 빌립니다. 청혼을 하려 하지만 여비가 없는 친구 바사니오를 위한 것이었습니다. 샤일록은 평소 자신을 모욕하고, 자신의 사업인 고리대금업을 방해하는 안토니오가 눈엣가시였습니다. 샤일록은 정해진 기한까지 돈을 갚지 않으면 안토니오의 살 한 파운드를 벨 것이라는 차용증을 농담처럼 요구합니다. 불행하게도 안토니오의 전 재산을 실은 무역선은 정해진 기한까지 돌아오지 못합니다. 그래서 안토니오는 결국 법정에 섰는데, 샤일록이 기어이 안토니오의 심장을 요구한 것입니다.

만약 여러분이 안토니오의 변호인이거나 판사였다면 어떻게 변호하고, 또 어떤 판결을 내리겠습니까? 이 『베니스의 상인』은 비극이 아니라 희극입니다. 바사니오의 약혼자 포샤는 사촌의 도움을 받아 남자 법학박사로 변장합니다. 그리고 베니스를 통치하는 공작으로부터 법관으로 선임됩니다. 포샤는 기상천외한 판결로 법정 분위기를 반전시킵니다.

"이 차용증에는 한 방울의 피도 그대에게 준다는 말이 없소. 표현된 단어는 '한 파운드의 살'이오. 증서대로, 한 파운드의 살만 베시오."

어떤가요? 옛 희곡이므로 역사적 조건을 이해하며 읽어야 할 겁니다. 옛 중세 봉건 사회는 이자를 부도덕한 것으로 생각했습니다. 그런데 현대 자본주의 사회는 오히려 이자를 당연한 것으로 생각하죠. 그러니 오늘날의 관점으로는 샤일록을 그저 나쁜 사람으로만 보는 것도 불공평할지 모릅니다. 하지만 문제는 법의 취지와 목적을 왜곡하며 사람의 목숨까지 위협하는 샤일록의 무자비함입니다. 현대의 우리 법은 이처럼 사회 질서에 반하는 법률행위나 불공정한 법률행위는 무효로 하고 있습니다.

여러분도 법이 힘없는 사람을 배제한 채 일방적으로 실현되어서는 안 된다는 생각에 동의하나요? 그렇다면 법이 약자를 위해 무엇을 할 수 있는지를 고민해 보는 것도 아주 좋은 일이겠습니다.

10

좋은 법을 만들려면 어떻게 해야 하나요?

우리는 흔히 나쁜 법과 좋은 법을 이분법적으로 단순히 구분하려는 경향이 있습니다. 오랜 독재 시대를 거치면서 누가 봐도 명백히 나쁜 법의 지배를 받고 살았기 때문이죠. 하지만 나쁜 법은 하늘에서 누가 만들어 떨어뜨린 것도 아니고, 좋은 법과 나쁜 법의 구별이 그렇게 간단한 것도 아닙니다.

예컨대 하루에 몇 시간을 일하도록 정하는 게 좋은 법일까요? 노동자는 가능하면 적게 일하고 싶고, 사용자는 가능하면 많이 일하게 하고 싶을 겁니다. 그런데 만약 사용자의 편만 들어 노동자들이 견딜 수 없을 만큼 일하게 허용하는 법을 만들면 안 되겠죠. 그건 나쁜 법입니다. 그렇다고 회사가 망할 정도로 일하는 시간을 제한하는 법을 만든다면 그것도 문제입니다. 좋은 법은 모두가 합리적으로 동의할 수 있는 적절한 시간을 찾아 규정한 법입니다. 그러니 좋은 법을 만드는 것은 어려울 수밖에 없습니다.

여러분은 국회에서 국회의원들이 심하게 몸싸움을 하는 모습을 혹 텔레비전 뉴스에서 본 적이 있나요? 그런 모습이 차츰 줄고는 있는 것 같지만 예전엔 흔했습니다. 아마 당장이라도 또 그런 모습이 나오면 많은 사람들이 그 정치인들을 비난할 겁니다.

그런데 그들 정치인들은 왜 그렇게 싸우는 것일까요? 그들은 자신들의 이익을 위해서도 싸우겠지만, 기본적으로 입장이 다른 우리들의 이익을 대변하느라 그런다고 봐야 합니다. 여러분이 가끔

형제들끼리 싸우는 이유와 별반 다르지 않습니다. 여러분이 형이
라면 그럴 때 어떻게 하나요? 동생이 울거나 말거나 힘으로 밀어
붙이나요, 아니면 서로 적당히 타협하나요? 만약 여러분이 무조건
힘으로만 밀어붙였다면 아마 좋은 해결책은 아니었을 겁니다. 당
연히 국회의원들도 그렇게 하면 안 되겠죠.

결론적으로 좋은 법이란 이해관계가 다른 사람들끼리 서로 합
리적으로 타협해 미래를 향해 함께 나아갈 수 있는 길을 찾은 법
입니다. 그렇다면 거꾸로 나쁜 법이란 오직 힘으로만 밀어붙여 강
요하는 일방적이고 퇴행적인 법이겠죠. 여러분이 앞으로 국민의
입장에 있든, 아니면 좋은 법을 만들기 위해 직접 국회의원이 되
든, 그것만은 잊지 말았으면 합니다.